KB109716

공시 3관왕이 말하는

9급 공무원 합격 프리패스

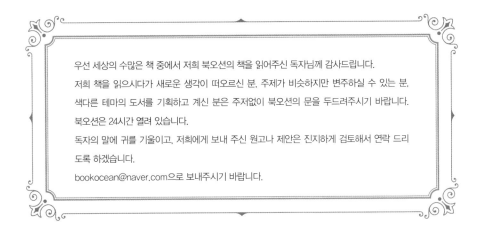

우선 세상의 수많은 책 중에서 저희 북오션의 책을 읽어주신 독자님께 감사드립니다.

저희 책을 읽으시다가 새로운 생각이 떠오르신 분, 주제가 비슷하지만 변주하실 수 있는 분,

색다른 테마의 도서를 기획하고 계신 분은 주저없이 북오션의 문을 두드려주시기 바랍니다.

북오션은 24시간 열려 있습니다.

독자의 말에 귀를 기울이고, 저희에게 보내 주신 원고나 제안은 진지하게 검토해서 연락 드리

도록 하겠습니다.

bookocean@naver.com으로 보내주시기 바랍니다.

공시 3관왕이 말하는

9급 공무원 합격 프리패스

초판 1쇄 인쇄 | 2019년 3월 16일
초판 1쇄 발행 | 2019년 3월 23일

지은이 | 김민경
펴낸이 | 박영욱
펴낸곳 | 북오션

편 집 | 이상모
마케팅 | 최석진
디자인 | 서정희·민영선

주 소 | 서울시 마포구 월드컵로 14길 62
이메일 | bookocean@naver.com
네이버포스트 | m.post.naver.com('북오션' 검색)
전 화 | 편집문의: 02-325-9172   영업문의: 02-322-6709
팩 스 | 02-3143-3964

출판신고번호 | 제313-2007-000197호

ISBN 978-89-6799-466-2 (03370)

이 도서의 국립중앙도서관 출판예정도서목록(CIP)은 서지정보유통지원시스템
홈페이지(http://seoji.nl.go.kr)와 국가자료공동목록시스템
(http://www.nl.go.kr/kolisnet)에서 이용하실 수 있습니다.
(CIP제어번호: CIP2019005481)

공시 3관왕이 말하는

합격 프리패스 9급 공무원

국가
공무원
합격

지방
공무원
합격

서울시
공무원
합격

김민경 지음

북오션
콘텐츠그룹

나이, 학력 등 모든 제한이 없어진 공무원 시험. '시험' 하나만 잘 보면 된다는 매력적인 조건 때문인지 해마다 많은 사람들이 뛰어든다. 하지만 제대로 된 계획 없이 무턱대고 뛰어든다면 장수생이란 타이틀을 피할 수 없게 될 것이다. 장수생만 된다면 다행이다. 시험 기간이 길어지면 오도 가도 못 하는 난처한 상황에 봉착할 수 있다. 이러한 상황을 피하려면 체계적이고, 옳은 방법으로 공부해야 한다.

나는 2년 반이란 적지 않은 시간 동안 공부해 2018 국가직, 지방직, 서울시에 모두 합격 커트보다 꽤 높게 합격했다. 수많은 시행착오를 겪으며 조금 더 현명하게 공부하는 법을 스스로 체득해왔다는 의미다. 물론 내 방법이 정답은 아니다. 하지만 지금부터 쓸 내용이 '공무원 공부'라는 분야 안에서는 효과적이라고 나름 자부할 수 있다. 그동안 내가 겪고 생각한 것을 아낌없이 다 방출해낼 테니 필요한 부분을 잘 얻어 갔으면 좋겠다.

책 구성을 보면 알겠지만 각 과목별, 각 단원별 공부법을 최대한 자세히 싣고자 노력했다. 한 번 읽는 것으로 그치지 말고 웬만하면 갖고 다니면서 틈틈이 읽었으면 좋겠다. 혼자 공부하다 보면 본인이 지금 하고 있는 공부에만 집중하게 돼 큰 틀을 잊는 경우가 종종 있다. 물론 그렇게 옆으로 가끔 샌다고 해도 합격할 수 있다. 하지만 그런 불필요한 시간을 최소화해주는 게 나의 몫이라 생각한다. 공부하면서 내가 지금 잘하고 있는지 아닌지 계속 피드백해주고 있다면 아주 좋은 현상이다. 초시생 때 잘못된 습관이 한 가지 있었다. 바로 손에 잡히는 대로 공부하는 것이었다. 이것도 부족한 것 같고, 저것도 부족한 것 같고…… 그때그때 마음이 달라져 큰 틀을 보지 못하고 세세한 것에 집착했다. 결과는? 당연히 큰 차이로 낙방했다. 이렇게 무턱대고 제대로 된 계획 없이 공부만 하다가는 '난 왜 열심히 했는데도 떨어지지?', '열심히 한다고 되는 게 아니야' 이런 생각에 사로잡히기 쉽다. 스카이 서성한도 9급 공무원을 준비하는 시대다. 아쉽게도 열심히'만' 해서는 합격에 다가가기 매우 힘든 시대가 됐다.

 마지막으로 공무원 시험이 운이라고 생각해 겁내는 사람에게 해주고 싶은 말이 있다. 이 시험은 운이 좋아서 붙을 수는 있지만 운이 나빠서 떨어질 수는 없다. 적당히 공부해 합격 커트에서 간당간당 할 때 운이 좋아서 찍은 문제가 맞는다면 붙을 수는 있다. 하지만 찍은 문제가 틀렸다면? 그게 운이 안 좋아서일까? 아니다 아직 붙을 실력이 안 돼서다. 찍은 문제가 다 틀려도 맞을 문제만 다 맞는다면 합격이다. 마킹을 밀려 써서 떨어졌다? 과목 코드를 반대로 마킹해서 떨어졌다? 이것도 운이 없는 것일까? 아니다. 나는 실제로 마킹을 잘못 해 떨어진 적이 있다. 처음에는 받아들이지 못했지만 결국 내가 준비가 덜 됐음을 인정했다. 운이 좋아서 빨리 붙을 수는 있다. 이 정도 운은 공무원 시험뿐 아니라 다른 시험도 마찬가지다. 하지만 운이 나쁘다고 떨어지는 시험은 아니다. 본인이 제대로 준비했다면 붙는다. 그러니 겁먹지 말자.

 이 책을 보는 사람이 초시생이든, 재시생이든, 엔시생이든 상관없다. 공무원 공부를 해볼까 고민만 하고 있는 사람이어도 상관없다. 지금이라도 늦지 않았으니 생각을 바꾸고 함께 걸어가자. 특히 장수생들, 기죽지 말자. 이 시험의 메리트는 붙기만 하면 모든 것이 끝난다는 것이다. 1년, 5년, 10년 다 상관없다. 붙으면 그냥 다 같은 '9급 공무원'이다. 나중에도 말하겠지만 이 시험, '잘 참는 사람'을 뽑는 시험이다. 지금의 순간이 나중에 빛을 발할 거라 감히 말한다.

Part 3 ❙ 50점 벌기: 계획과 마무리

Part 4 ❙ 시행착오: 타산지석他山之石

많은 수험생들이 착각하는 것이 있다. 무조건 '100점'을 향해 돌진해야 한다는 생각이 그것이다. 100점. 수험생에게는 정말 매력적인 단어다. 하지만 이 100점 때문에 해마다 잘못된 길로 접어드는 수험생이 많이 나온다.

Part 1

정도正道의 시작

무턱대고 하다보면
일 년 더

앞서 프롤로그에서도 말했지만(프롤로그는 꼭 읽어주었으면 한다) 요즘 공무원 시험은 열심히'만' 해서는 합격에 다가가기 매우 어렵다. 물론 돌고 돌아도 버틴다면 언젠가는 합격할 수 있는 시험이다. 데이터가 쌓이고 쌓이다 보면 양이 질로 변하기 때문이다. 하지만 우리의 소중한 시간을 샛길로 가는 데에만 쓸 수는 없다.

그렇다면 어떻게 공부하는 것이 체계적이고 옳은 것인가? 우선 과목별로, 단원별로 아주 세세하게 나누어 전략을 다르게 짜야 한다. 그 방법은 2부에서 자세히 설명하도록 하겠다.

다음은 계획과 피드백이다. 프롤로그에서도 말했지만 세세하게 나누어 공부하다 보면 시야가 좁아지기 마련이다. 작은 것에 집착하고 몰두하다가 큰 틀을 보지 못해 낙방의 길을 걸을 수 있다. 일어나서 공부하러 가는 길에 오늘 내가 해야 할 것이 무엇인지 틀을 짜보자. 집으로 가는 길도 마찬가지다. 오늘 내가 아침에 계획한 바대로 잘 이행했는지, 내일은 어떤 부분을 공부해야 하는지 지속적으로 피드백해주어야 한다. 그저 오늘 아침에 쓴 플래너에 각 항목을 지웠다고 공부를 잘하고 있는 것이 아니다.

다음은 마무리다. 평소 제대로 공부하다가도 마무리에서 무너지는 사람이 생각보다 꽤 많다. 무너지는 사람에는 두 가지 종류가 있다. 첫 번째는 불안감 때문에 회피하는 사람들이다. 본인이 지금까지 잘해왔음에도 불구하고 '다른 사람은 더 했겠지, 난 안 될 거야'라는 막연한 불안감에 휩싸여 상황을 회피하는 경우가 있다. 두 번째는 단권화에 실패하는 사람들이다. 공무원 시험은 익히 들어 알겠지만 공부해야 하는 양이 상당히 방대하다. 이것을 줄이고 줄여 시험장에서 제대로 터뜨리는 것이 합격의 길이나, 시험이 다가올수록 불안해 이 내용 저 내용 보다가 마무리에 실패하는 사람이 꽤 많다. 본인이 제대로 공부해왔다면, 불안감을 최소화하고 공부한 것을 압축해서 시험장에 들어가자. 생각보다 이것을 제대로 실천하지 못하는 사람들이 많다. 나는 이것만 성공해도 반 넘게 합격에 다가간 것이라고 자신 있게 말할 수 있다.

마지막은 당일의 마인드 컨트롤이다. 하루 12시간씩 꾸준히 공부해온 사람이라도 당일 마인드 컨트롤에 실패하면 불합격이다. 무작정 '나는 할 수 있다'고 생각한다 해서 용기가 나는 것이 아니다. 근거가 있는 용기여야 한다. 당일의 마인드 컨트롤은 5부에서 자세히 다루도록 하겠다.

마지막으로, 많은 수험생들이 착각하는 것이 있다. 무조건 '100점'을 향해 돌진해야 한다는 생각이 그것이다. 100점. 수험생에게는 정말 매력적인 단어다. 하지만 이 100점 때문에 해마다 잘못된 길로 접어드는 수험생이 많이 나온다. 어느 정도 공부한 사람이라면 들어본 적이 있을 것이다. "학자가 되려 하지 마라." 난 이 말에 백번 공감한다. 처음 시험을 준비할 때는 모두 의욕에 불타 있기 마련이다. 물론 의욕이 불타는 것은 잘못된 것이 아니다. 하지만 많은 사람들이 이 의욕 때문에 초반부터 작은 것 하나 그냥 넘어가지 못한다. 공무원 시험을 위해 준비해야 하는 공부 양은 그야말로 방대하다. 이 많은 양을 최대한 효율적으로 압축하고 압축한 사람이 합격한다. 이런 시험에서 완벽을 기한다며 한 단원 한 단원 공부하다가는 제 풀에 지쳐 책도 펴기 싫어지는 순간이 올 것이다. 많은 사람이 공무원 시험을 '마라톤'이라 칭하지만 내 생각은 다르다. '마라톤'이라 하더라도 마음만은 단거리 달리기여야 한다. 길게 하는 공부라고 인지하는 순간 심적으로 미리 지쳐버리기 때문이다. 효율적으로 공부한다면 단거리 달리기로 끝낼 수 있다. 시험별 특징 다음에 자세한 공통과목 공부법을 실어 놓았다. 특히나 과목별로 합격 플랜을 눈여겨봐주면 좋겠다. 100퍼센트 다 따라 하기는 힘들겠지만 중간 중간 참고하면 도움이 많이 될 것이라고 생각한다.

나의 직렬은?: 시험별 특징

한 직렬만 파고 준비하는 사람도 많겠지만, 세 가지 직렬(국가직, 지방직, 서울시)을 동시에 준비하는 사람도 많을 것이다. 2019년부터는 지방직과 서울시의 날짜가 같아져 두 군데를 지원할 수 있는 자격 조건을 갖춘 사람의 고민은 더욱 커질 것이다. 이럴 때일수록 시험의 특징을 간파하고 본인에게 맞는 시험을 치르는 것이 더더욱 중요해진다(2019년부터 지방교행도 인사혁신처에서 내기 때문에 지방직에 모두 포함하겠다).

⌛ 국가직

한마디로 말하자면 '수능형'이다. 지방직과 서울시에 비해 암기형이 적은 편이다. 대신 수능과 비슷하게 사고력을 요구하는 문제가 다수 출제된다. 특히 최근에는 국어 문법 문제도 생각을 한 번 거쳐야 답이 나오도록 문제를 내고 있다.

예제 I

문 3. (가)~(라)에 대한 고쳐쓰기 방안으로 옳지 않은 것은?

(가) 수학 성적은 참 좋군. 국어 성적도 좋고.

(나) 친구가 "난 학교에 안 가겠다."고 말했다.

(다) 동생은 가던 길을 멈추면서 나에게 달려왔다.

(라) 대통령은 진지한 연설로서 국민을 설득했다.

① (가): '수학 성적은 참 좋군.'은 국어 성적이 좋을 가능성을 배제하는 의미가 포함되어 있다. 따라서 보조사 '은'을 주격 조사 '이'로 바꿔 쓴다.

② (나): 직접 인용문 다음이므로 인용 조사는 '고'가 아닌 '라고'를 쓴다.

③ (다): 어미 '-면서'는 두 동작의 동시성을 나타내지 못하므로 '-고'로 바꿔 쓴다.

④ (라): '로서'는 자격을 나타내는 기능을 하므로 수단을 나타내는 기능을 하는 조사 '로써'로 바꿔 쓴다.

예제 2

문 2. 밑줄 친 보조사의 의미를 설명한 것으로 옳지 않은 것은?

① 그렇게 천천히 가다가는 지각하겠다.

　－는 : 어떤 대상이 다른 것과 대조됨을 나타냄

② 웃지만 말고 다른 말을 좀 해 보아라.

　－만 : 다른 것으로부터 제한하여 어느 것을 한정함을 나타냄

③ 단추는 단추대로 모아 두어야 한다.

　－대로 : 따로따로 구별됨을 나타냄

④ 비가 오는데 바람조차 부는구나.

　－조차 : 이미 어떤 것이 포함되고 그 위에 더함을 나타냄

[예제1]은 2018년 국가직 국어 문법 문제, [예제2]는 2016 국가직 국어 문법 문제다. 딱 보자마자 암기로 풀 수 있는 문제가 아니란 것을 알 수 있다. 조사와 어미의 뜻을 어느 정도 알고 있어야 생각을 거쳐 답을 고를 수 있다.

예제 3

문 7. 다음은 '고려사'의 일부 내용이다. 이 시기에 대한 설명으로 옳지 않은 것은?

○ 명학소를 충순현으로 승격시켰다. 수령까지 두어 위무하더니 태도를 바꿔 군대를 보내와서 토벌하니 어찌된 까닭인가?
○ 순비 허씨는 일찍이 평양공 왕현에게 시집가서 3남 4녀를 낳았는데, 왕현이 죽은 후 충선왕의 비가 되었다.
○ 윤수는 매와 사냥개를 잘 다루어 응방 관리가 되었으며, 그의 가문은 권세가가 되었다.

① 충선왕대 이후에도 왕실 족내혼이 널리 행해졌다.
② 향리 이하의 층도 문·반으로 신분 상승을 할 수 있었다.
③ 여성의 재혼을 규제하려는 움직임이 나타났다.
④ 향·소·부곡 등 특수행정구역이 주현으로 승격되기도 하였다.

[예제3]은 2017년 하반기 국가직 한국사 문제다. 대부분의 수험생은 '충선왕이 재상지종을 발표했다' 정도만 암기하고 넘어간다. 만약 문제가 '재상지종 발표'라고만 나왔다면 정답률은 올라갔을 것이다. 하지만 국가직에서는 이런 식으로 말을 돌려 재상지종을 발표한 것에 어떤 의

미가 있는지 정확히 물어본다. 충선왕은 재상지종을 발표해 족내혼을 막고자 한 것이다. 만약 이 의미를 제대로 알고 있었다면 ①의 '널리'라는 말이 맞지 않다는 것을 바로 알고 답으로 정했을 테지만 피상적으로 암기만 했다면 ③과 고민하다 답을 정하기 어려웠을 것이다. 국가직은 이처럼 암기만으로는 해결 안 되는 문제가 지방직, 서울시보다 상대적으로 더 많다.

이처럼 이해가 기반이 된 공부를 한다면 국가직이 본인과 좀 더 잘 맞을 것이다. 실제로 수능 공부를 하다 온 공시생이 국가직에 더 많이 단기 합격하는 경향이 있다.

📅 서울시

비교를 명확히 하려고 서울시를 지방직보다 위에 배치했다. 서울시는 그야말로 지식형이다. 서울시는 두 페이지에 한 과목의 문제를 모두 내므로 지문이 짧디짧을 수밖에 없다. 그 때문에 사고력을 요하는 문제보다 암기형으로 대부분 채워진다. 지금까지는 전국에서 지원이 가능했기 때문에 서울시 경쟁률은 평균 100대1이 넘어갔다. 따라서 일반적인 암기 문제를 넣으면 합격선이 치솟기 때문에, 서울시는 암기 문제라도 정말 난해한 문제를 넣어 사람들을 곤혹스럽게 한다.

12. 다음 중 서울을 주요 배경으로 한 소설이 아닌 것은?

① 박태원의『천변 풍경』

② 염상섭의『두 파산』

③ 박완서의『엄마의 말뚝』

④ 이청준의『당신들의 천국』

[예제4]는 2015년도 서울시 국어 문제다. 나중에도 말하겠지만 이런 문제를 맞히겠다고 에너지를 쏟으면 안 된다. 분명 만점 방지용 문제였을 것이다. 하지만 수험생 입장에서는 찜찜하고 난해할 수밖에 없다. 서울시는 이런 문제를 내 변별력을 갖추고자 한다는 것만 알아두자.

10. 다음 중 단군조선의 역사를 다룬 책으로 옳은 것은?

①『삼국사기』

②『표제음주동국사략』

③『연려실기술』

④『고려사절요』

한국사 또한 마찬가지다. [예제5]는 2017년 서울시 한국사 문제다. 짧고 간단해 보이지만 암기하지 않았다면 어떠한 유추도 할 수 없다. 지금이야 기출문제로 '표제음주동국사략'이 각 문제집에 모두 실렸겠지만 이전에 저 책을 아는 사람은 5퍼센트도 안 됐을 것이다. 결국 소거로 풀어야 하는데 나머지 책 세 개도 모른다면 찍을 수밖에 없다.

예제 6

10. 다음 대화에서 밑줄 친 'carousel'이 잘못 쓰인 것은?

A: I'm new here at this airport. Where can I get my baggage?

B: Please check at ①carousel number 2.

Do you have anything special in your baggage?

A: I have a 500 watt microwave with a ②carousel.

B: You didn't have to bring it. Most of the hotels have microwaves.

By the way, what are you planning to do first in your trip to Seattle?

A: I'd like to ride the ③carousel at Miners' Landing.

Well, what kind of clothing will be the best here at this season?

It's so chilly.

B: I'd recommend you to wear a ④carousel, then.

서울시는 영어도 특이하다. 국가직과 지방직 영어는 딴 과목과 다르게 거의 비슷하다. 하지만 서울시는 다르다. [예제6]을 보자. 문제의 2015년 서울시 영어다. 역대급 불영어라는 타이틀답게 문제가 상당히 난해하다. carousel의 세세한 뜻을 요구하고 있다. 이것도 아마 맞히라고 낸 문제는 아닐 것이다. 다행히 2015년 이후에는 이 정도로 난해한 문제는 나오고 있지 않다. 게다가 2018년에는 영어 페이지 수가 두 쪽에서 세 쪽으로 늘어나 눈이 아프도록 읽어야 하는 상황도 나아졌다. 그렇지만 '문제의 서울시'다! 언제 다시 우리에게 멘붕을 안겨 줄지 모른다. 이런 문제가 나온다고 짐작만 하고 있더라도 시험장에서 당황하는 일은 줄일 수 있다.

⏱ 지방직

국가직과 서울시의 사이다. 내가 볼 때는 국가직 80퍼센트, 서울시 20퍼센트 정도인 것 같다. 전체적인 틀은 국가직과 비슷하지만, 아직 암기에 강한 사람이 붙기 쉬운 시험이다. 특히 국어에서는 호칭어/지칭어, 물건을 세는 단위 등이 심심치 않게 나온다. 영어에서도 부가의문문 같은, 외워야만 풀 수 있는 문제가 잊을 만하면 등장한다. 어려웠다고 언급되는 2017년 상반기 지방직 국어와 2018년 국가직 국어를 비교해보면 그 특징이 좀 더 뚜렷하게 드러난다. 2017년 상반기 지방직 국어는 난해한 한자와 어휘의 등장으로 난도가 높아진 반면 2018년 국가직은 사고와 길이 때문에 난도가 높아졌다. 이 때문인지 지방직은 오래 공부한 사람이 더 잘 붙는 경향이 있다.

지금까지 국가직, 서울시, 지방직 각 시험의 특징을 알아보았다. 그러나 아무리 이렇게 구분한다 해도 같은 공무원 시험이라는 틀 안에서 움직이기 때문에 비슷비슷하다. 많이 다르다면 2관왕 3관왕이 나오기 쉽지 않았을 것이다. 특히, 2018년 시험은 그 경계가 좀 더 모호해진 것 같지만, 그래도 각 시험의 특성을 알아두면 본인의 선택에 도움이 될 것이다. 이제 마음의 준비가 됐다면 본격적으로 공부법을 알아보자!

국어, 가장 쉬울 것 같지만 가장 난해한 과목이다. 사람들은 모국어란 이유로 국어를 상당히 만만하게 보는 경향이 있다. 절대로 그래서는 안 된다. 100퍼센트 일치하는 것은 아니지만 공무원 시험의 경향을 알고 싶다면 수능을 보라.

Part 2

공무원 공부의
정도正道

3관왕
합격 플랜

다음 페이지의 도표는 내가 다시 돌아간다면 짤 플랜이다. 물론 다들 베이스와 일정이 다르기 때문에 똑같이 하긴 힘들 것이다. 필수적으로 해야 하는 것은 빨간색으로 표시해 두었다. 본인의 상황과 일정에 맞게 적당히 조율해보자. 2월 전까지만 얼추 비슷하면 괜찮다.

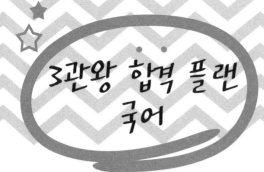

3관왕 합격 플랜
국어

7월	8월	9월
문법 기본 강의(하루에 하루치 강의 보통 3강)		기출 강의 중 문법만
추천 강의 : 개념을 확실히 잡고 어디득 적용하고 싶다		tip. 당연히 제대로 기억
→ 이선재T		안난다. 이제부터 진
암기가 되도록 계속 반복해 주는 것이 좋다		짜 시작! 답 보고 풀
→ 김병째T		어도 되니 일단 문제
tip. 뒤로 가면 당연히 까먹는다. 두려워 말고 그날 그		를 풀자. 다 이해, 암
날 배운 것의 70~80%만 이해하고 넘어가자		기하고 풀자고 생각
		하면 영영 못 푼다.

1월	2월 : 과목별 동형중심	3월 : 전과목 동형중심
약점 체크의 달	동형 시작	
기본서, 기출 보고 부족했	추천 동형 ─ 이선재T : 동형의 교과서 ─ 난도 : 중	
던 부분 발췌독+문제풀이	이해종T : 깔끔한 문제	
반복	배미진T : 문법 지식형의 끝 ─ 난도 : 상	
tip. 어휘 꾸준히 외우고	유두선T : 골고루 생각하는 문제	
있어야 함	tip. 중, 상 섞어서 최소 두 선생님 풀기!!	
	*1단계 단권화 →	*2단계 단권화

10월	11월	12월
1. 기출 문법 혼자 풀기	1. 비문학/문학 기본 강의 + 기출 강의	
2. 사자성어 암기 시작	2. 기출 어휘 + 한자 암기 시작(tip. 강의는 선택)	
tip. 읽고 뜻 말할 수 있는	3. 기출 문법 또 혼자 풀기	
정도로만		

4월 : 국가직	5월	6월 : 지방직
양 늘리지 않기	1. 국가직 오답 정리 → 약점 보완	
1. 3단계 단권화 : 시험	2. 전 과목 동형 반복	
삼일 전 만들기	tip. 시험 일~이주 전 그만하다 이틀 전 한 번만 풀기	
2. (4월10일 이전 시험 가정)		
전 과목 동형은 시험 이틀		
전 한 번만 풀기		

올바른
국어 공부의 방향

　이제 본격적으로 국어에 대해 설명해 보도록 하겠다. 국어, 가장 쉬울 것 같지만 가장 난해한 과목이다. 사람들은 모국어란 이유로 국어를 상당히 만만하게 보는 경향이 있다. 절대로 그래서는 안 된다. 100퍼센트 일치하는 것은 아니지만 공무원 시험의 경향을 알고 싶다면 수능을 보라. 9급 공무원 시험은 고등학교만 졸업해도 기회가 있다는 취지로 시행되고 있기 때문이다. 2018년 수능(2017년 11월 시행)부터 영어 절대평가가 이루어지면서 변별력을 가르는 과목으로 국어가 떠올랐다. 보란듯이 2019년 수능(2018년 11월 시행)은 1등급 컷이 84점인 엄청난 '불'국어였다. 공무원 국어는 2017년 하반기 지방직 이후 3페이지에서 4페이지로 늘어났다. 이는 지문의 길이로 난이도를 조정하겠다는 인사혁신처의 의지가 담겼다고 볼 수 있다. 공무원 시험은 100분에 100문제를 풀어야 한다. 사고할 시간이 매우 부족한 시험이다. 아무리 선지가 쉽게 배열된다 하더라도 길이가 길어진 것만으로도 난도가 높아졌다고 볼 수 있다. 옛날 스타일의 공무원 시험을 생각하면 안 된다. 판도가 바뀌었음을 인지하고 그에 맞게 철저히 대비하자.

문법

일단 국어 문법은 기본 강의 1회독 후 문제 풀이로 넘어 가자. 아예 이해가 안 됐다면 곤란하지만, 50퍼센트만 이해해도 괜찮다. 문제를 풀면서 채워가야 한다. 계속 강의만 듣고 완벽히 하겠다고 생각하는 순간, 끝!!! 파트별로 강약은 다르지만, 문제를 풀면서 이해와 암기를 함께 해나가야 속도가 난다.

다음은 자세히 파트별로 분석해 보겠다. 국어 문법, 국어 규범, 고전 문법을 각각 다르게 접근해야 한다. 앞으로 더 자세히 말하겠지만 국어 문법은 이해가 기반이 된 암기를 해야 한다. 대부분 응용 문제가 나오기 때문에 이해가 안 된 상태에서 무작정 암기만 하다가는 난도가 약간만 높아져도 손을 대기 힘들어진다.

문 14. 밑줄 친 말의 품사가 같은 것으로만 묶은 것은?

> 개나리꽃이 ⊙흐드러지게 핀 교정에서 친구들과 ⓒ찍은 사진은, 그때 느
> 꼈던 ⓒ설레는 행복감은 물론, 대기 중에 ⓔ충만한 봄의 기운, 친구들과
> 의 악의 ⓜ없는 농지거리, 별들의 잉잉거림까지 현장에 있는 것과 다름없
> 이 느끼게 해 준다.

① ⊙,ⓒ,ⓔ

② ⊙,ⓔ,ⓜ

③ ⓒ,ⓒ,ⓜ

④ ⓒ,ⓔ,ⓜ

[예제7]을 보자. 2017년 상반기 지방직 국어 문제다. 국어 문법에서 가장 중요하다 해도 과언이 아닌 형태론에서의 품사 구분 문제다. 동사와 형용사 각각의 특징을 제대로 이해하고 있지 못했다면 풀기 어려운 문제였을 것이다.

국어 규범은 일단 암기가 돼 있어야 한다. 표준 발음법, 한글 맞춤법, 표준어 규정 등에는 그에 해당하는 다양한 항이 있다. 이 모든 것을 이해하고 암기하기는 정말 벅차지만 일단 암기해서 양이 질이 되게끔 만들어야 한다. 계속 외우다 보면 왜 이 항에 이 단어가 예시로 나와 있는지 깨닫는 날이 온다. 사실 이해가 100퍼센트 안 되더라도 괜찮다. 왜냐하면 문제가 암기형으로 나오기 때문이다.

1. 표준어끼리 묶인 것으로 가장 옳지 않은 것은?

① 등물, 남사스럽다, 쌈싸름하다, 복숭아뼈

② 까탈스럽다, 걸판지다, 주책이다, 겉울음

③ 찰지다, 잎새, 꼬리연, 푸르르다

④ 개발새발, 이쁘디, 넝쿨, 미싫

[예제8]은 2018년 서울시 2회 국어 문제다. 대부분 이런 식으로 문제가 나오기에 이해가 완벽히 안 되어도 괜찮다. 일단 외우는 것이 현명하다.

고전 문법은 계속 난도가 높아지고 있다. 국어 문법과 국어 규범에서 변별력을 높이는 데 한계를 느껴 고전 문법이 대안으로 떠오른 듯하다.

3. 다음 중 국어의 역사에 대한 설명으로 옳은 것은?

① 띄어쓰기는 1933년 한글 맞춤법 통일안에서 규범화되었다.

② 주격 조사 '가'는 고대 국어에서부터 등장한다.

③ 'ㆍ'는 17세기 이후의 문헌에서부터 나타나지 않는다.

④ 'ㅸ'은 15세기 중반까지 사용되다가 'ㅃ'으로 변하였다.

[예제9]는 2017년 서울시 국어 문제다. 언뜻 보면 쉬워 보이지만 시험장에서 정확히 답을 골라내기는 생각보다 힘들었을 문제다. ①번 보기는 생소할 수 있기 때문에 ②, ③, ④번을 정확히 소거해나가야 했다.

②번 보기는 자주 나오는 문제라 쉽게 소거했을 수 있지만 ③, ④번은 대충 봤다면 소거하기 힘들었을 것이다. 그동안 고전 문법은 나와도 ②번 보기와 같이 매우 쉬운 선지로만 구성되었기에 나름 난도를 높이려는 의도가 보인 문제다.

문 17. 밑줄 친 부분에 대한 설명으로 적절한 것은?

> 말쓰물 ㉠ 술 ᄫ리 하디 天命을 疑心ᄒ실씨 ᄭᅮ므로 ㉡뵈아시니
> 놀애를 브르리 ㉢하디 天明을 모ᄅ실씨 ᄭᅮ므로 ㉣알외시니
>
> (말씀을 아뢸 사람이 많지만, 天命을 의심하시므로 꿈으로 재족하시니
> 노래를 부를 사람이 많지만, 天命을 모르므로 꿈으로 알리시니)
>
> ᅳ「용비어천가」13장ᅳ

① ㉠에서 '-이'는 주격을 나타내는 조사로 기능한다.
② ㉡에서 '-아시-'는 높임을 나타내는 선어말 어미로 기능한다.
③ ㉢에서 '-디'는 이유를 나타내는 연결 어미로 기능한다.
④ ㉣에서 '-외-'는 사동을 나타내는 접미사로 기능한다.

바로 다음 해 2018년 국가직 국어 문제다. 고전 문법의 난도가 확 높아졌음을 직감할 수 있다. 현대어와 비교해가며 푸는 센스를 발휘할 수도 있지만 안 그래도 어려운 한국사와 나머지 국어 문제에 멘붕이 온 수험생 입장에서는 풀기 매우 어려운 문제다. 이런 경향을 자꾸 보이는

것을 보면 앞으로도 높은 난도 문제는 고전문법에서 나올 확률이 높다
는 것을 유추할 수 있다.

비문학

강의가 크게 필요하진 않지만 안전히 모르겠다면 간단한 강의 정도 듣는 것은 괜찮을 듯하다. 수능 비문학과는 방향이 좀 다르기 때문에 공무원 쪽 문제를 푸는 것을 더 추천한다. 영어 독해와 함께 하루 한두 지문 정도 계속 풀자. 진부한 이야기지만 어떠한 강의나 스킬보다도 그냥 꾸준히 푸는 게 답이다.

어쨌든, 해가 갈수록 공시의 비문학이 어려워지고 있다. 이삼 년 전만 해도 비문학을 따로 공부를 안 해도 되는 파트로 여겼지만 이제는 아니다. 비문학은 영어 독해를 열심히 하면 같이 느는 파트다. 일단 글 전체를 보는 연습을 해야 한다. 비문학을 풀 때 가장 큰 문제점은 바로 모국어라는 것이다. 일단 익숙하니 본인이 원하는 단어나 문장에 꽂히면 거기서 잘 헤어 나오지를 못한다. 영어 독해나 비문학이나 똑같다. 부분에 얽매이지 말고 전체를 보는 것이 관건이다. 비문학은 뒤에서 좀 더 자세히 다루도록 하겠다.

문학

수능 베이스가 없다면 기본 강의 중 문학 파트는 꼭 듣도록 하자. '기본 강의+기출+동형' 정도면 충분하다. 비문학과 마찬가지로 수능은 방향이 좀 다르기 때문에 공무원 문학을 푸는 쪽을 더 추천한다.

문학 또한 앞에서 말한 비문학과 마찬가지다. 이전의 공시 문학 문제를 보면 정답 선지가 매직아이를 보는 것처럼 확 드러났는데 이제는 꽁꽁 숨어 있다. 이 선지도 답이 되는 것 같고 저 선지도 답이 되는 것 같다. 문학에서 가장 중요한 것은 '용어'다. 생각보다 수험생들은 용어의 의미, 용어의 쓰임새를 잘 알지 못 한다. 중고등학생 때 많이 봐온 단어라 익숙한 것뿐이다. 아는 것이 아니라 익숙한 것이다.

예제 II

문 7. 다음 글에 대한 이해로 적절하지 않은 것은?

우리 장인님은 약이 오르면 이렇게 손버릇이 아주 못됐다. 또 사위에게 이 자식 저 자식 하는 이놈의 장인님은 어디 있느냐. 오죽해야 우리 동리에서 누굴 물론하고 그에게 욕을 안 먹는 사람은 명이 짜르다 한다. 조그만 아이들까지도 그를 돌아세 놓고 욕필이(본 이름이 봉필이니까), 욕필이, 하고 손가락질을 할 만치 두루 인심을 잃었다. 하나 인심을 정말 잃었다면 욕보다 읍의 배참봉 댁 마름으로 더 잃었다. 번이 마름이란 욕 잘 하고 사람 잘 치고 그리고 생김 생기길 호박개 같아야 쓰는 거지만 장인님은 외양에 똑 됐다. 장인께 닭 마리나 좀 보내지 않는다든가 애벌논 때 품을 좀 안 준다든가 하면 그해 가을에는 영락없이 땅이 뚝뚝 떨어진다. 그러면 미리부터 돈도 먹이고 술도 먹이고 안달재신으로 돌아치던 놈이 그 땅을 슬쩍 돌아 앉는다.

– 김유정, 「봄봄」

① 마름의 특성을 동물의 외양에 빗대어 낮잡아 표현했다.

② 비속어와 존칭어를 혼용하여 해학적 표현을 구사했다.

③ 여러 정황을 거론하며 장인의 됨됨이가 마땅치 않음을 드러냈다.

④ 장인과 소작인들 사이의 뒷거래 장면을 생생하게 묘사하여 제시했다.

2018년 국가직 국어, 필수 작품 김유정의 '봄봄' 문제다. 하지만 필수 작품치고 정답률은 꽤 낮았던 것으로 기억된다. 우리는 ④번 선지의 '묘사'라는 단어에 집중해 보아야 한다. 묘사, 익숙해서 아마 따로 공부할 필요가 없다고 생각하고 넘어갔을 것이다. 그렇지만 그 안일함 때문에 많은 오답이 나왔다. ①, ②, ③번이 헷갈리더라도 우리가 '묘사'라는 단어를 정확히 인식하고 있었다면 이 문제는 틀릴 수 없는 문제였다.

"장인께 닭 마리나 좀 보내지 않는다든가 애벌논 때 품을 좀 안 준다든가 하면 그해 가을에는 영락없이 땅이 뚝뚝 떨어진다. 그러면 미리부터 돈도 먹이고 술도 먹이고 안달재신으로 돌아치던 놈이 그 땅을 슬쩍 돌아 앉는다."

아마 이 부분 때문에 ④번이 묘사가 맞다고 생각한 사람이 많을 것이다. 하지만 이는 뒷거래 장면의 직접 제시(서술)일 뿐 묘사는 아니다. 이처럼 익숙한 단어지만 생각보다 제대로 알고 있지 않은 경우가 많다.

문학에서 답을 고르는 데에 어려움을 느낀다면 내가 용어를 제대로 알고 있는 건지부터 파악해보자.

어휘&한자

강의는 들을 필요 없다. 어차피 본인이 외워야 한다. 그럼에도 너무 불안하다 싶으면 김병태 선생님의 특강 정도 추천한다. 자료를 보고 풀고 싶다면 이선재 선생님의 특강을 듣자. 그렇지만 하다 보면 알게 될 것이다. 결국 본인의 몫이란 것을……

어휘&한자는 시험이 끝난 지금 생각해도 국어 중 가장 난해한 부분이다. 최선의 방법은 준비한 기간에 따라 양과 범위를 조절하는 것이다. 연차가 더 되었다고 더 많이 알고 덜 되었다고 조금 알아서가 아니다. 공부 기간이 길어지면 불안감이 수직으로 상승한다. 이때 불안감을 줄일 수 있는 요소로 어휘 부분이 있다. 내가 그래도 어휘만큼은 남들보다 더 외우고 더 안다라는 인식이 생기면 시험장에서 마인드 컨트롤하는 데 도움이 될 것이다. 대신 내가 외울 양을 한정했다면 그것만큼은 완벽하게 암기하자. 어중간하게 외웠다가는 시간만 들이고 시험장에서 불안감만 키운 채로 끝날 수 있다. 확실히 외운 10개가 대충 외운 50개보다 100배 효과가 더 있다는 사실을 명심하자!

각 부문별로 간단하게 방향을 써 보았다. 공무원 국어는 어제 90점을 맞았더라도 오늘 60점을 맞을 수 있는 과목이다. 다른 과목도 마찬가지겠지만 특히 긴장의 끈을 끝까지 놓지 않아야 하는 과목이라 생각한다. 양이 워낙 방대하기 때문에 본인의 역량과 위치를 파악하고 버릴 건 확실히 버리자. 그거 틀린다고 해서 불합격하는 그런 시험이 아니다. 아직은 뜬 구름 잡는 얘기처럼 들리겠지만 방향을 조금이라도 알고 시작하는 것과 모르고 시작하는 것은 정말 천지차이가 난다. '길가에 표지판이 있느냐 없느냐'로 빗대 생각해 보아도 좋을 것 같다. 자세히 공부법을 파헤쳐 보기 전, 본인이 제대로 된 길로 가고 있는 건지 끊임없이 확인하면서 공부했으면 좋겠다. 그럼 이제 진짜 상세한 공부법을 알아보자.

국어문법:
先이해 後암기

'언어와 국어의 특성'에는 크게 어려울 만한 주제는 없다. 그렇지만 '언어의 기호적 특성'(자의성, 사회성, 역사성 등등), '언어의 기능'(지령적 기능, 친교적 기능 등등), '자모의 순서'는 시험 전에 꼭 한 번 보고 들어가도록 하자. 쉽지만 충분히 문제로 나올 수 있는 주제이기 때문이다. 시험 한 달 전에 한 번만 봐둬도 시험장에서 당황하지 않고 바로 답을 고를 수 있을 것이다. 9급 문제로는 거의 나오지 않지만 봐두면 좋은 부분은 '주의해야 할 한자어'와 귀화어 중 '일본어', '국어순화' 정도다.

13. 다음 설명 중 옳지 않은 것은?

① 하늘, 바람, 심지어, 어차피, 주전자와 같은 단어들은 한자로 적을 수 없는 고유어이다.

② 학교, 공장, 도로, 자전거, 자동차와 같은 단어들은 모두 한자로도 적을 수 있는 한자어이다.

③ 고무, 담배, 가방, 빵, 냄비와 같은 단어들은 외국에서 들어온 말이지만 우리말처럼 되어 버린 귀화어이다.

④ 눈깔, 아가리, 주둥아리, 모가지, 대가리와 같이 사람의 신체 부위를 점잖지 못하게 낮추어 부르는 단어들은 비어(卑語)에 속한다.

2016년 서울시 국어 문제이다. 지엽적인 것을 좋아하는 서울시는 9급에서도 이런 문제를 낸 적이 있다. 범위를 넓히는 것은 절대 좋지 않고, 기출 정도만 보고 가자. 어차피 다른 사람도 손대기 난해한 문제라 기출 정도만 보고 올 것이다. 정 불안하다면 나중에 동형에 한 문제 정도는 껴 있을 테니 그 정도만 보고 가자.

국어 문법의 이해는 중요하다. 문제화할 것들이 굉장히 많은 파트다. 국어 문법의 이해는 크게 음운론, 형태론, 통사론, 의미론, 담화론으로 나눌 수 있다. 하나씩 살펴보자.

음운론

음운론에서는 자/모음 표, 장단음 명사, 음운 현상을 주의해서 봐야 할 것이다. 자/모음 표는 본인이 손으로 몇 번 그려본 후 이미지 자체를 머리에 넣는 것을 추천한다. 또한 표에 들어가는 단어를 제대로 알고 있어야 한다. 자/모음은 쉽기 때문에 난도를 높일 때면 단어의 뜻을 갖고 변형을 많이 한다. 예를 들어 파열음은 파열음이라고 제시하지 않고 '공기의 흐름을 일단 막았다가 그 막은 자리를 터뜨리면서 내는 소리'로 바꿔서 문제를 낸다.

다음은 장단음 명사다. 예문을 만들 때는 한 단어만 넣어서 만드는 것이 좋다. 예를 들어보자. 눈은 눈[目]과 눈:[雪]으로 나뉜다. 나는 '눈:이 길게도 온다' 이런 식으로 장음만을 활용해 예문을 만들었다. '길다'의 이미지가 있기 때문에 장음으로 바로 인식하기 쉽고, 예문 자체가 완전히 기억이 안 나더라도 어렴풋하게 기억나는 것이 장음이기 때문에 바로 답으로 가기 쉬워진다.

다음은 가장 중요한 음운 현상이다. 비표준 발음이 되는 것들(연구개음화, 양순음화 등등)은 크게 중요하지 않다. 그냥 이런 것들이 있구나 하고 읽어보면 되겠다. 중요한 것은 표준발음이 되는 것들이다.

18. 음운 현상은 변동의 양상에 따라 크게 다섯 가지로 구분된다.
다음 중 음운 현상의 유형이 나머지 셋과 가장 다른 하나는?

> ㉠ 대치 – 한 음소가 다른 음소로 바뀌는 음운 현상
>
> ㉡ 탈락 – 한 음소가 없어지는 음운 현상
>
> ㉢ 첨가 – 없던 음소가 새로 끼어드는 음운 현상
>
> ㉣ 축약 – 두 음소가 합쳐져 다른 음소로 바뀌는 음운 현상
>
> ㉤ 도치 – 두 음소가 서로 자리를 바꾸는 음운 현상

① 국+만 → [궁만]　　　② 물+난리 → [물랄리]

③ 입+고 → [입꼬]　　　④ 한+여름 → [한녀름]

7. 〈보기〉의 단어에 공통으로 적용된 음운 변동은?

> • 꽃내음[꼰내음]
>
> • 바깥일[바깐닐]
>
> • 학력[항녁]

① 중화　　　　　　　② 첨가

③ 비음화　　　　　　④ 유음화

　　문제가 이런 식으로 나오기 때문에 단어가 나오면 어디로 분류해야
할지 빠르게 캐치하는 것이 관건이다. 분류 방법에는 두 가지가 있다.

[예제13]과 같이 크게 교체, 축약, 탈락, 첨가 안에서 분류할 수도 있고 [예제14]와 같이 세세하게 분류할 수도 있다. 일단 각 현상에 해당되는 단어를 하나씩이라도 외우자. '비음화: 국물[궁물]' 이런 식으로 하나씩만이라도 외워두면 바로 매치되기 때문에 분류할 때 쉬워진다.

다음은 음운 현상에서 가장 난해한 사잇소리 현상이다. 이렇게도 공부해 보고 저렇게도 공부해봤지만 그냥 예시 단어를 외워서 적용하는 편이 가장 빠르고 정확했다. 사잇소리는 두 개의 형태소 혹은 단어가 합쳐져서 합성어가 될 때 1) 된소리가 되거나(밤길) 2) ㄴ소리가 첨가되거나(냇물) 3) ㄴㄴ소리가 첨가되는(뒷일) 세 가지 경우가 있다. 여기에 전제(울림소리로 끝+안울림소리로 시작)만 기억해주면 된다. 사잇소리 문제가 나오면 전제와 예시 단어 세 개를 기억하자.

형태론

형태론은 전부 다 중요하다고 해도 과언이 아니다. 크게 보면 '형태소', '품사', '단어의 형성'으로 볼 수 있다. 이 세 가지 모두 자주 출제되는 주제이기 때문에 특히 이해와 암기를 병행해야 하는 파트다. 먼저 형태소부터 살펴보자. 형태소는 뜻을 지닌 가장 작은 말의 단위로서 형태소를 가지고 여러 가지 문제를 만들 수 있기에 출제자 입장에서는 상당히 매력적일 수밖에 없다. 일단 형태소에서 가장 중요한 부분은 실질 형태소이자 의존 형태소인 용언의 어간 부분이다. '나는 밥을 먹었다'에서 가장 유심히 봐야 하는 것은 '먹-'이다. 형태소 중 가장 쉬운 문제이지만 이해를 못 하고 있다면 다른 말로 풀어서 나왔을 때 맞히기 힘들 수도 있다. 형태소 분석은 단어의 형성을 공부하고 나면 더 중요해지므로 일단 여기까지만 말하겠다.

품사는 정말 정말 중요한 파트다. 품사는 크게 기능, 의미, 형태로 나뉘는데 기본서를 보면 품사를 분류해 놓은 파트가 있을 것이다. 이것을 이미지회해 비로비로 나올 수 있도록 머리에 저장하도록 하자. 품사를 완벽히 분류할 수 있다면, 다음에 말하는 것을 필수적으로 숙지하도록 하자.

⌛ '의존명사'

예제 14

문 13. 밑줄 친 부분의 띄어쓰기가 옳지 않은 것은?
① 이처럼 <u>좋은 걸</u> 어떡해?
② <u>제 3장의</u> 내용을 요약해 주세요.
③ 공사를 <u>진행한 지</u> 꽤 오래되었다.
④ 결혼 <u>10년 차에</u> 내 집을 장만했다.

의존명사는 띄어쓰기와 밀접한 관련이 있다. 문제를 보면 답인 ②번 빼고 ①, ③, ④는 모두 의존명사를 제대로 알고 있느냐 아니냐를 묻는 문제다. ②의 '제'가 접두사임을 잘 모른다 해도 ①, ③, ④의 의존명사를 제대로 숙지하고 있다면 어렵지 않게 풀 수 있는 문제다.

의존명사에서 가장 힘든 부분은 어미와의 구분일 것이다. 그중 특히

'데, 바, 듯이'가 가장 어려울 것이다. '데'는 '것, 곳'과 대체가 되면 의존명사, 아니면 어미다. '바'는 ~는데, ~기 때문에의 의미를 가지면 어미다. (ex: 서류를 검토한바 몇 가지 미비한 사항이 발견되었다.→서류를 검토했는데 몇 가지 미비한 사항이 발견되었다. / 그는 나와 동창인바 그를 잘 알고 있다.→그는 나와 동창이기 때문에 그를 잘 알고 있다.) '듯이'는 어간 뒤에 바로 붙으면 어미이고 아니면 의존명사다. 당연한 것인데 실제로 이것을 많이 헷갈려한다. (ex: 사람마다 생김새가 다르듯이 생각도 다르다.→다르[어간]에 바로 듯이가 붙었으므로 듯이는 어미일 수밖에 없다. / 뛸 듯이 기뻐하다.→뛰[어간]+ㄹ[관형사형 전성어미]+듯이 이미 관형사형 전성어미 ㄹ이 있으므로 듯이는 어미일 수가 없다. 이럴 땐 의존명사다.)

📅 '명사vs수사vs관형사'

예제 16

8. 밑줄 친 단어의 품사로 가장 옳지 않은 것은?

① 나도 참을 <u>만큼</u> 참았다. 〈의존명사〉

　나도 그 사람<u>만큼</u> 할 수 있다. 〈조사〉

② 오늘은 바람이 <u>아니</u> 분다. 〈부사〉

　<u>아니</u>, 이럴 수가 있단 말인가? 〈감탄사〉

③ 그 아이는 열을 배우면 <u>백</u>을 안다. 〈명사〉

　열 사람이 <u>백</u> 말을 한다. 〈관형사〉

④ 그는 <u>이지적</u>이다. 〈명사〉

　그는 <u>이지적</u> 인간이다. 〈관형사〉

2018년 서울시 2차 문제이다. 동사vs형용사 문제가 기본이나 하도 많이 출제해서 그런지 요새 이 파트가 강화되는 것 같다. 명사, 수사, 관형사의 정의를 제대로 숙지하는 것이 좋다. 수사는 잘 안 나온다고 공부를 소홀히 했다간 어이없게 틀릴 수 있으니 이런 문제를 강화하는 게 추세라는 정도는 알고 가자.

⏱ '동사vs형용사'

예제 17

문 14. 밑줄 친 말의 품사가 같은 것으로만 묶은 것은?

> 개나리꽃이 ㉠흐드러지게 핀 교정에서 친구들과 ㉡찍은 사진은, 그때 느꼈던 ㉢설레는 행복감은 물론, 대기 중에 ㉣충만한 봄의 기운, 친구들과의 악의 ㉤없는 농지거리, 별들의 잉잉거림까지 현장에 있는 것과 다름없이 느끼게 해 준다.

① ㉠, ㉢, ㉣

② ㉠, ㉣, ㉤

③ ㉡, ㉢, ㉤

④ ㉢, ㉣, ㉤

[예제17]은 앞에서도 한 번 다룬 문제지만 최근 동사vs형용사 구분 문제 중 가장 어려웠던 문제다. −ㄴ다를 붙여서 말이 되면 동사 아니면 형용사로 흔히 구분하겠지만, 기본적인 뜻을 알고 있는 것이 좋다. 동사가 주체의 움직임이나 작용, 변화를 나타내는 것이라면 형용사는 주

체의 성질이나 상태를 표시하는 단어를 말한다. '흐드러지다/흐드러진다'처럼 언뜻 보면 둘 다 말이 되는 것 같아 헷갈리겠지만, '성질이나 상태를 표시한다'는 형용사의 기본적인 뜻을 알고 있었다면 형용사로 가기 훨씬 수월했을 것이다. 또한 이 파트에서 잘 틀리는 부분이 하나 더 있다. 바로 동사는 –은/–는 모두 가능하다는 것이다. 비교를 하기 위해 '형용사는 –은, 동사는 –는'으로 암기하면 나중에 큰코 다칠 수가 있다. 동사는 활용에 제한이 없다. –은도 가능함을 꼭 기억하자. (ex: 맞은/맞는 둘 다 ○.)

☷ '용언의 활용'

용언의 불규칙 활용도 자주 출제되는 주제다. 이는 어렵지는 않지만 종류가 많아 체계적으로 외워놓지 않으면 당황할 수 있다. 어간의 불규칙 활용(ㅅ, ㄷ, ㅂ, 르, 우)/ 어미의 불규칙 활용(여, 러, 오, 너라)/ 어간어미 불규칙 활용(ㅎ)을 예시 단어 하나씩 매칭 후, 머리에 잘 담아 두도록 하자.

🪑 '전성어미vs파생접사'

예제 18

문 16. 밑줄 친 부분에 해당하는 것은?

'–ㅁ/–음'은 'ㄹ'을 제외한 받침 있는 용언의 어간이나 어미 '–었–','–겠–' 뒤에 붙어, 그 말이 <u>명사 구실을 하게 하는 어미</u>로 쓰이는 경우와, 어간 말음이 자음인 용언 어간 뒤에 붙어 명사를 만드는 접미사로 쓰이는 경우가 있다.

① 그는 <u>수줍음</u>이 많은 사람이다.

② 그는 <u>죽음</u>을 각오하고 일에 매달렸다.

③ 태산이 <u>높음</u>을 사람들은 알지 못한다.

④ 나라를 위해 <u>젊음</u>을 바친 사람이 애국자다.

이 또한 자주 출제되는 주제지만 제대로 개념을 잡아 놓지 않으면 또 틀릴 가능성이 높은 문제다. 많이들 들어봤을 것이다. '서술성이 있으면 전성어미, 서술성이 없으면 파생접사'다. 그렇지만 적용하긴 쉽지 않다. 나는 여러 가지 방법을 시도해본 결과, '~다'로 바꾸어 보고 의미가 자연스러우면 전성어미, 부자연스러우면 파생접사로 보는 방법이 가장 이해가 잘 되었다. 무슨 소리인지 보기를 보고 알아보자.

보기1: 그는 수줍다가 많은 사람이다.

보기2: 그는 죽다를 각오하고 일에 매달렸다.

보기3: 태산이 높다를 사람들은 알지 못한다.

보기4: 나라를 위해 젊다를 바친 사람이 애국자다.

보기3처럼 전성어미라면 서술성이 살아 있어 ~다 체로 바꾸었을 때 자연스럽게 의미가 와 닿는다. 보기 1, 2, 4는 서술성이 없어서 의미가 어색해진다. 전성어미와 파생접사가 어려우면 ~다로 한번 바꾸어보자.

다음은 단어의 형성이다 '파생어vs합성어', '비통사적 합성어'가 필수 주제다. 파생어와 합성어를 구분하려면 접사에 익숙해져야 한다. 접사는 그 자체로는 힘이 없다. 예를 들어 보자. 불호령에서 '불'은 실제 불(fire)이 아니다. '몹시 심하다'는 뜻을 더해주는 접사다. 따로 떼어봤을 때는 '심하다'라는 의미를 갖지 못하므로 여기서의 불은 접사다. 반대로 불장난에서의 불은 실제 불(fire)의 의미가 있으므로 이럴 때는 접사가 아니라 어근으로서의 역할을 한다. 처음에는 익숙하지 않아 파생어, 합성어 구분이 어렵겠지만 자꾸 떼어서 뜻이 있는지 없는지 보는 연습을 해보자. 이렇게 해도 이해되지 않는 것들이 많겠지만 그런 것은 그냥 외우는 것도 나쁘지 않다. 보통 접사의 뜻 자체를 묻지는 않기 때문에 다 알 필요는 없지만 접두사 '한-' 정도는 뜻별로 단어 하나씩 알아두는 것이 도움이 된다. (ex: 한[큰]걱정/한[한창인]겨울/한[바깥]데/한[끼니를 지난]점심) '비통사적 합성어'는 3가지에 관한 단어 하나씩만 알아두자. 나는 덮밥(용언의 어간+체언), 오가다(용언의 어간+용언의 어간), 부슬비(부사+체언)로 모두 응용했다.

형태론은 할 말이 많은 파트라 말이 길어졌다. 앞에 설명한 것은 필수적으로 이해, 암기하고 넘어갔으면 좋겠다. 이외에 어렵지는 않지만 나오면 당황할 것으로는 단어의 개수(어절의 개수+조사의 개수), 연결어미 종류(대등적 연결어미vs종속적 연결어미), 보격조사(이/가 + 되다/아니다), 대등/종속/융합 합성어 등이 있다. 한 번쯤 봐두기를 추천한다.

통사론

통사론에서 필수 주제는 '서술어의 자릿수', '이어진문장vs안은문장', '사동/피동', '높임법'이 있다. 다들 크게 어렵지는 않으니 몇 가지 팁만 전하겠다.

18. 다음 문장 중 밑줄 친 서술어의 자릿수가 다른 것은?

① 어제 만났던 그는 이제 선생님이 <u>아니다</u>.

② 군대에 가는 민수는 후배들에게 책을 <u>주었다</u>.

③ 배가 많이 고팠던 철수는 라면을 맛있게 <u>먹었다</u>.

④ 삶에 관심이 많은 학생들이 도서관에서 책을 <u>읽는다</u>.

[예제19]는 2016년 경찰 1차 국어 문제다. 서술어의 자릿수를 물을 때 나와 있는 예문은 오답을 유도한다. ①을 예로 들어보자. "어제 만났던 그는 이제 선생님이 아니다"에서 주성분만을 골라내면 '그는 선생님이 아니다'이다. '어제 만났던', '이제' 등은 오답을 유도하는 장치일 뿐이다. 정 헷갈린다면 '아니다'만 뽑아내서 가장 필요한 최소한의 성분만으로 예문을 만들어 보자. '내가 학생이 아니다' 이런 식으로 수식어 구를 제외한 최소한의 성분만으로 예문을 만들면 훨씬 쉽게 '아니다'는 두 자리 서술어라는 것을 알 수 있다.

'이어진문장vs안은문장'에서 이어진 문장은 대등하게 이어진 문장과 종속적으로 이어진 문장으로 나뉜다. 대등적 연결 어미(-고, -며, -나, -지만, -든지, -거나 등)가 종속적 연결 어미보다 한정적이기 때문에 외우기 편하다. 안은문장은 5가지(명사절, 서술절, 관형절, 부사절, 인용절을 안은문장)의 예문 한 가지 정도 외워두면 헷갈릴 일이 크게 없을 것이다.

'사동/피동'은 사동문의 오류, 피동문의 오류를 중심으로 보는 것이 좋다. 주의해야 할 사동형과 피동형의 표기도 종종 나오는데 이것은 올바른 문장 쓰기에서 자주 나오므로 나중에 함께 알아보자.

'높임법'은 전부 문제화될 수 있는 파트이기 때문에 제대로 이해하도록 하자. 주체높임, 객체높임, 상대높임의 정의를 잘 알아두자. 주체높임과 객체높임은 난도를 높여봤자 한정적이기 때문에 상대높임을 어렵게 낼 수 있다. 그러니 소홀히 하지 말자. 서술어에 따라 형태가 변하기 때문에 전부 외우는 것은 힘들다. '하십시오' 체는 옛날 어른께 하는 말투, '하오' 체는 옛날 남편이 아내에게 하는 말투, '하게' 체는 옛날 아버지가 사위에게 하는 말투, '해라' 체는 부모님이 나에게 하는 말투 정도라고 느낌만 알고 있다면 어떤 단어가 나오더라고 쉽게 넣을 수 있을 것이다.

의미론

의미론에서 주의 깊게 봐야 하는 주제는 '다의어/동음이의어', '중의성', '의미 변화' 정도다. '중의성'과 '의미 변화'는 크게 어려운 주제가 아니므로 넘어가자. 문제는 '다의어/동음이의어'다. 자주 출제되는 주제이지만 어렵게 나오면 아무리 공부하더라도 풀기 힘들다. 나도 다의어에 어려움을 느꼈지만 이 두 가지 방법이면 그래도 나름 쉽게 풀 수 있다.

방법 1. 영어 혹은 다른 한국말로 바꾸어 본다.

방법 2. 1이 안 통할 시, 이미지로 생각한다.

예제 20

문 5. 밑줄 친 말의 문맥적 의미가 같은 것은?

> 고장 난 시계를 고치다.

① 부엌을 입식으로 고치다.

② 상호를 순 우리말로 고치다.

③ 정비소에서 자동차를 고치다.

④ 국민 생활에 불편을 주는 낡은 법을 고치다.

[예제20]은 2017년 상반기 국가직 국어 문제다. 다의어 문제치고 쉽게 나와 오답률이 높지 않았었다. 방법 1을 사용해보자. 예문의 "시계를 고치다"에서 고치다는 수리하다의 의미를 가지고 있기에 ③번의 고치다와 비슷함을 바로 알 수 있다. 보기 ①, ②는 바꾸다로, ④는 개정하다로 바꿀 때 자연스럽기 때문에 오답이란 것을 쉽게 알 수 있다.

문 1. 밑줄 친 부분과 같은 의미로 사용된 것은?

지도 위에 손가락을 <u>짚어</u> 가며 여행 계획을 설명하였다.

① 이마를 <u>짚어</u> 보니 열이 있었다.
② 그는 두 손으로 땅을 <u>짚어</u>야 했다.
③ 그들은 속을 <u>짚어</u> 낼 수가 없는 사람들이었다.
④ 시험 문제를 <u>짚어</u> 주었는데도 성적이 좋지 않다.

[예제21]은 2018년 지방직 국어 문제다. 이런 문제가 문제다. 방법 1로 해보려 해도 쉽지 않을 것이다. 이럴 땐 방법 2를 사용해보자. 예문에서 짚다를 이미지로 생각하면 손가락으로 그림을 가리키는 이미지가 떠오를 것이다. ①의 짚다를 이미지로 생각해보면 우리가 흔히 열이 날 때 하는 행동 정도의 이미지가 생각날 것이다. ②의 짚다는 손바닥으로 땅을 짚든지, 손가락 전체를 활용해서 땅을 짚든지 하는 이미지가 떠오를 것이다. 명확하진 않지만 우리가 찾아야 하는 가리키는 느낌이 없다는 것은 알 수 있다. ③의 짚다는 이미지로 형상화하긴 쉽지 않지만 이 또한 가리키다라는 느낌은 애매하니 일단 넘어가자. ④를 보자. 보기 ①, ②, ③에 비해 손가락으로 가리킨다는 느낌이 가장 크다. 이렇게 이미지로 생각하지 않고 뜻만 생각하다 보면 '짚다'는 모두 손을 대는 느낌을 강하게 받으므로 자칫 오답에 체크하기 쉽다. 뜻에 너무 몰두하기보다 가장 가까운 이미지를 떠올려 대응해본다면 어려운 다의어도 조

금은 쉬워질 것이다. 다의어 문제가 이렇다. 속 시원하게 '이게 답이다!' 라고 가르쳐주기 힘든 파트다. 어려운 문제임을 인지하고 크게 스트레스 받지 말자. 이러한 유형의 문제를 몰아서 풀다 보면 분명 좋아진다.

국어규범:
先암기 後이해

다음은 국어 규범이다. 국어 문법은 이해해야 할 것이 많은 반면 국어 규범은 암기해야 할 것이 많다.

표준발음법

표준발음법은 음의 길이를 제외하고는 모두 맞혀야 하는 파트다. 발음이 두 개인 것들을 주의하자. 예를 들어 참외[차뫼/차풰] 같은 단어는 발음이 두 개다. 여기서 [차뫼]만 알고 있다가 [차풰]가 나오면 틀렸다고 생각할 수 있기 때문에 발음이 두 개인 것에 주의해가며 공부하자.

다음은 음의 길이다. 다 외우는 것은 한계가 있기 때문에 적당히 눈에 바르듯이 공부한다고 생각하자. 나중에 동형모의고사에 한 번쯤 나올 텐데 그때도 오답률이 높을 것이다. 너무 스트레스 받지 말자.

한글맞춤법

한글맞춤법에서는 띄어쓰기와 57항이 있다. 문제로 나오기 가장 좋은 파트이니 꼭 제대로 숙지하도록 하자. 어느 정도 띄어쓰기를 공부했더라도 '한 단어이냐 아니냐'는 끝까지 어려운 문제다. 비교적 쉬운 한 단어들(ex: 큰 집 vs 큰집)은 공부하다 보면 익숙해지겠지만 문제는 다음과 같은 것들이다.

예제 22

문 5. 띄어쓰기가 옳은 것은?
① 일이 얽히고 설켜서 풀기가 어렵다.
② 나를 알아 주는 사람은 너 밖에 없다.
③ 그는 고향을 등지고 정처 없이 떠돌아다녔다.
④ 잃어버린 물건을 찾겠다는 생각은 속절 없는 짓이었다.

[예제22]는 2017년 하반기 지방직 문제다. 보기 ①, ②번은 공부를 제대로 했다면 어렵지 않게 거를 수 있는 선지였다. 문제는 보기 ③, ④번이었다. 띄어쓰기의 원칙을 생각해 보자. 띄어쓰기는 조사를 제외한 단어를 띄어 씀을 원칙으로 한다. 즉, 뜻이 있다면 띄어 쓰는 것이다. 무슨 말인지 모르겠다면 [예제22]를 다시 보자. 보기 ③의 포인트는 '정처 없이', '정처없이'다. 헷갈린다면 중간에 조사를 넣어보자. '정처가 없다'

정해진 곳이 없다는 의미로 말이 된다. 반면에 보기 ④를 보자. 보기 ④의 포인트는 '속절 없는', '속절없는'이다. 중간에 조사를 넣어보자. '속절이 없다'라는 말은 어딘가 어색하다. 속절이 무슨 뜻인지도 모르겠다. 실제로 '속절'이라는 단어는 없다. 가진 뜻이 없기 때문이다. 이처럼 뜻을 가지고 있다면 띄어쓴다라는 원칙을 떠올린다면 생각보다 쉽게 풀 수 있는 문제다.

다음은 57항(발음 형태는 같거나 비슷하면서 뜻이 다른 단어를 구별)이다. 읽는 것으로 끝내면 계속 헷갈릴 수밖에 없다. 다른 것도 도움이 되지만 나는 특히 57항은 선재국어 암기 어플의 도움을 많이 받았다. 자꾸 헷갈리는 단어와 비교해보고 답을 넣는 연습을 해 보자.

표준어규정

표준어규정이야말로 암기로 시작해서 암기로 끝나는 파트다. 단수 표준어는 틀린 표기를 보고 맞는 표기를 쓰거나 말하면서 외우자. 단, 애매하게 외우면 안 된다. 틀린 표기도 꽤 잔상에 남기 때문이다. 따라서 다른 파트보다 좀 더 많이 반복해서 봐야 한다. 복수 표준어는 하나를 말하면 하나는 자연스럽게 생각나도록 외우자. 예를 들어, 뾰두라지, 뾰루지를 따로 외우지 말고 뾰두라지뾰루지가 한 단어인 듯이 외우자. 별 것 아닌 것 같지만 표준어를 외우다 보면 이게 단수 표준어인지 복수 표준어인지 잘 생각이 안 난다. 복수 표준어는 그냥 쭉 이어서 외우면 그게 기억이 나서 단수 표준어와 구분이 된다. 꽤 유용할 것이다.

문장 부호론

문장 부호론은 크게 어려운 건 없지만 '원칙'과 '허용'을 구분해서 외우는 편이 좋다. 그래야 체계가 잡히고 쉽게 잊히지 않는다.

로마자 표기법

로마자 표기법도 크게 어려운 부분은 없다. ㅚ(oe)가 은근히 나중엔 생각이 잘 안 나니 염두에 두자. 또 눈으로만 읽지 말고 손으로 쓰는 연습을 해야 시험장에서 안 틀린다.

외래어 표기법

외래어 표기법도 그냥 암기다. 표기 원칙과 세칙이 있으나 예외가 워낙 많기 때문에 의미가 없다. 속으로 말을 자꾸 되뇌면서 외우자. 눈보다 말이 더 먼저 생각이 난다.

올바른 문장 쓰기

올바른 문장 쓰기는 쉬운 문제에서 정말 어려운 문제까지 다양하다. 기본서보다 일단 9급 기출을 먼저 보는 것을 추천한다. 법원직과 기상직 등 특수 직렬은 더 어려우니 감안하고 보자. 9급 기출을 본 후 기본서로 돌아와 확인하고 그 후 7급까지 포함한 전체 기출을 보자. 가끔 정말 난해하게 어려운 문제도 있는데 너무 스트레스 받지 말고 적당히 이해하고 넘기자. 공부할 때는 옳은 문장은 가리고 틀린 문장을 직접 고쳐보는 게 가장 좋다. 영어 문법을 공부하듯이 말이다.

올바른 언어생활

기출에 나온 것과 동기 배우자, 남편(아내)의 동기와 그 배우자(형수님, 매형, 제수씨, 아주버님, 동서 등등)에 대한 호칭어까지만 하자. 이외에 나오는 것을 맞히려고 공부하는 것은 너무 비효율적이다.

고전문법:
변별력 있는 단원으로의 진화

다른 문법에서 변별력을 찾기 어렵다고 느낀 건지, 요즘 들어 고전문법의 난도가 상당히 높아졌다. 원래는 문제가 나오더라도 가장 기본적인 것만 물어서 크게 부담스럽지 않은 단원이었지만 이제는 아니다.

일단 고대 국어/중세 국어/근대 국어/현대 국어의 특징을 대충이라도 알고 넘어가자. 보통 기본서 앞 장에 간단히 정리해 놓은 표가 있을 것이다. 참고하자. 뒤에서 작품으로 연습을 더 할 테니 적당히만 알고 넘어가면 된다. 가장 중요한 것은 중세 국어이므로 여기에 조금 더 집중하는 편이 좋다. 주요 자료나 인물은 몰라도 된다. 중요한 것은 뒤에서 작품별로 뜯어 볼 테니 그 정도만 알면 된다.

다음은 가장 중요한 훈민정음이다. 제자 원리는 고전 문법에서 가장 중요한 것이니 확실히 이해하고 암기하자. 한글의 자/모음과 마찬가지로 표로 형상화해 머리에 박아두는 것이 좋다. '초성의 제자 원리'라고 하면 '아, 설, 순, 치, 후음'에 해당하는 기본자, 가획자, 이체자가 한 번에 머릿속에서 표로 그려져야 한다. 지금까지는 이 정도에서 나왔지만 앞으로는 용어를 가지고 까다롭게 만들 가능성이 높다. 엉뚱한 다른 개념을 끌고 오기보다 훈민정음 제자원리에서 용어로 난도를 높이는 쪽이 출제자 입장에서 더 매력적이기 때문이다.

아음(牙音) − 상설근폐후지형(象舌根閉喉之形) − 엄쏘리
설음(舌音) − 상설부상악지형(象舌附上齶之形) − 혀쏘리
순음(脣音) − 상구형(象口形) − 입시울쏘리
치음(齒音) − 상치형(象齒形) − 니쏘리
후음(喉音) − 상후형(象喉形) − 목소리

아직까지 이 부분은 심화이지만 용어로 응용하는 문제가 충분히 나올 수 있으므로 이 정도는 외워두기를 권한다. 한자는 선택이지만 보고 읽을 정도는 공부해두는 것이 좋다. 어려운 한자가 아니므로 나올 수 있다.

다음으로 개념을 알고 있어야 할 것은 문자의 운용이다. 연서법, 병서법, 부서법, 성음법, 사성점은《훈민정음 언해본》에 적힌 그대로 알아두는 것이 좋다. 예를 들어 정의를 알아두지 않고 연서법에 'ㅸ, ㅱ, ㆄ, ㅹ'만 있다고 외운다면 순음(입시울쏘리) 아래 ㅇ이 붙는다는 것을 간과해 실수할 수도 있다. 또한 정의를 알아두지 않는다면 연서법을 연

철(連綴)과 헷갈릴 수도 있다.

　다음은 암기하고 넘어가야 할 파트다. 이어/거듭/끊어적기는 문제화하기 좋은 부분이므로 예시와 함께 외우고 넘어가자. 더불어 종성 표기법과 문자의 소실 순서도 시대와 함께 정확히 외우도록 하자.

　마지막으로 공부해야 하는 부분은 작품 분석이다. 세종어제훈민정음과 용비어천가는 공부하도록 하자. 원래는 세종어제훈민정음 정도만해도 괜찮았지만 난도가 높아지면서 용비어천가도 슬슬 나오고 있다. 중세 국어의 주요 문법은 여기서 함께 공부하자. 따로 공부하는 것보다 작품 안에서 예시를 보며 공부하는 것이 훨씬 효과적이다. 예를 들어 '스 맛 · 디'를 보고 8종성법이 적용되었다는 것을 알기만 하면 된다. 세종어제훈민정음 원문을 보고 주요 문법을 찾을 정도가 되면 고전 문법은 크게 문제 되지 않을 것이다. 이 정도만 하자.

비문학:
한 발짝 떨어지면 답이 보인다

　갈수록 공시의 비문학이 어려워지면서 수험생들이 어려움을 겪고 있다. 나 또한 그랬다. 나는 부끄럽지만 수능 외국어 6등급, 언어는 (가물가물하지만) 5등급이었다. '글'을 아예 모르는 수험생이었다고 보면 된다. 사실 나는 처음에 비문학은 거의 포기 수준이었다. 아주 쉬우면 맞지만 조금만 난도가 높아져도 비가 내렸기 때문이다. 이를 극복한 것은 영어 독해가 되면서부터다. 영어 독해도 국어 비문학도 모두 글이다. 글을 읽는 법을 파악하면 둘 다 저절로 해결될 것이다. 자세한 영어 독해 공부법은 뒤에서 말하도록 하겠다.

　그러면 어떻게 하면 비문학을 좀 더 쉽게 풀 수 있을까? 어느 정도 비문학이 풀린 후 고민을 해보았다. 앞에서도 말했지만 특히 우리는 모국어라는 이유로 비문학을 읽을 때 생각을 하지 않고 읽는다. '한글인데 알아듣겠지' 하는 마음으로 말이다. 당연히 절대 그래서는 안 된다.
특히, 문제를 풀 때는.

1. 다 읽고 무슨 말을 하려는 걸까? 정리해보자. 틀려도 된다. 그 과정 자체가 의미 있다

모든 글에는 글쓴이가 말하고자 하는 바가 있다. 그렇지 않은 부분은 문제로 낼 가치가 없다. 따라서 글을 읽고 나서 '글쓴이가 무엇을 말하고자 이 글을 쓴 걸까?'를 생각해보자. 아주 간단해도 좋다. 틀려도 좋다. 계속 '생각'하며 읽는 데에 의의가 있다. 이때는 선지도 보지 않는 것이 좋다. 보기 선지에 주제가 대부분 드러나 있기 때문이다. 생각하는 힘이 약해질까 봐 보지 말라는 것이다. 혹시 이미 선지를 봤다면, 자신만의 용어로 아주 쉽게 바꿔보자. 그 과정도 의미가 있다.

2. 단어나 문장 하나에 집착하지 말자

내가 생각했을 때 영어 독해와 가장 차이가 나는 부분이다. 물론 영어 독해를 할 때도 주관이 들어가 답을 잘못 고를 때가 많지만, 비문학이 그 정도가 더 큰 듯하다. 모국어이기 때문이다. 글을 읽다 본인이 꽂히는 단어나 문장이 생기더라도 넘어가자. 그것이 답이면 좋겠지만 그렇지 않을 가능성이 크다.

3. 너무 어려우면 버려도 된다. 괜찮다

문제를 풀다 너무 어려우면 적당히 이해하고 넘어가는 것도 방법이다. 계속 말했고 말하겠지만 공무원 시험은 완벽을 기하면 더 힘들어지는 시험이다. 물론 조금 어렵다고 모두 넘어가면 문제가 생기겠지만 너무 어려울 때는 그러려니 하는 것도 좋다. 특히 시중 동형에서 터무니없이 어렵게 낸 문제를 보고 스트레스 받을 필요 없다. 그 문제는 그냥 경각심을 일깨워주려는 문제일 뿐이지 정말 시험에 나올 법한 것이 아니다. 오답률이 70퍼센트 이상이거나 누가 봐도 어려운 문제는 넘기자. 어려운 문제를 넘기는 또 다른 이유는, 시험장에 가서도 사실상 맞히기 힘들기 때문이다. 비문학을 완벽히 다 맞히려면 엄청난 시간을 들여 연습해야 한다. 비문학을 읽기만 해도 답을 맞히는 사람은 어려서부터 책을 많이 읽었거나, 수능 준비를 할 때 어마어마하게 노력한 사람들이다. 아니면 타고났을 수도 있다. 이 사람들과 똑같아지긴 힘들다. 그냥 비문학의 어려움을 받아들이고 너무 어려운 문제는 넘어가자. 그것이 시간적인 면에서도, 정신적인 면에서도 이롭다.

문학:
'용어'와 '선지'

이번엔 문학 공부법을 알아보자. 앞서 올바른 국어 공부의 방향을 설명하면서 '봄봄'을 예로 들었다. 2018년 국가직 국어에서 '봄봄'의 정답률이 낮았던 건 선지의 용어를 제대로 몰랐기 때문이다. 이전에 문학 공부를 제대로 안 해봤다면 기본 강의부터 제대로 들어 보기를 추천한다. 문학은 어느 정도의 작품이 머리에 들어와야 그때부터 시작이다. 물론 현대시 같은 것은 생소한 문제가 나올 수 있지만, 일단 필수 작품을 알아두는 것부터 시작이라고 생각한다. 시간이 많이 촉박하다면 기출에 있는 작품을 들으라고 권하지만 제대로 하려면 기본 강의부터 보자. 기본 강의를 들으면 필수 작품뿐 아니라 용어의 대한 개념 설명도들을 수 있다. 이 '용어'를 만만하게 봐서 나중에 낭패를 보는 경우가 많다. 처음부터 제대로 해 두자.

용어의 쓰임새를 어느 정도 알았다면, 용어를 보고 예시를 하나씩 떠올릴 수 있도록 하자. 예를 들어 보자. '의인법'하면 어떤 것이 떠오르는가? 나는 "나무가 웃으면서 나에게 손을 흔든다"라는 예문으로 의인법을 기억해왔다. 그렇다면 '활유법'하면 어떤 것이 떠오르는가? 나는 "별이 잠자고 있다"라는 예문으로 활유법을 기억해왔다. 지금이야 당연히 이런 쉬운 것을 누가 헷갈려? 하고 생각할 수 있다. 하지만 시험장에 가면 다르다. 비유법은 익숙하지만 시험 직전에 보지 않으면 금방 휘발되기 쉬운 부분이다. 특히나 의인법이 아닌 활유법만 시험에 나온다면 심할 경우 환유법과 순간적으로 헷갈려 오답으로 갈 수도 있다. 매력적인 오답이 있다면 말이다! 그럴 때 가장 좋은 방법은 예문을 기억해 내는 것이다. 익숙한 예문 하나만 있다면 어떤 문제가 나와도 막아낼 수 있다. 또한 그렇게 예문을 반복하다 보면 사고가 확장된다. 의인법과 활유법, 비슷하지 않은가? 출제자가 이 부분에 '삘'이 꽂혔다면 둘의 차이를 물을 가능성이 매우 크다. 사실 의인법은 활유법에 속한다고도 볼 수 있다. 따라서 출제자는 누가 봐도 인간만이 할 수 있는 행위를 두고 활유법이라고 오답인 예문을 제시할 가능성이 크다. 그래야 논란의 여지가 없기 때문이다. 가벼운 예문이지만 계속 그 예문을 갖고 되뇌다 보면 어느 순간 저런 사고의 확장이 일어난다. 같은 문제를 계속 접하면 출제자의 의도가 보이기 때문이다. 기출을 계속 반복하는 이유도 이때문이다. 이야기가 좀 샜지만, 문학을 잡는 기본 단계는 '단어의 정의를 제대로 숙지한 후 그에 맞는 맞춤 예문을 잡는 것'이다.
　다음은 선지 분석이다. 문학 지문은 한정돼 있다. 현대 시, 현대 소설을 제외하면 대부분 봤던 작품일 것이다. 출제자들은 왜 매력 없이 한 번 낸 작품들을 내고 또 낼까? 그건 그 작품이 문학적 가치가 있기 때문이다. 문제를 내는 분들은 그런 문학적 가치가 있는 작품을 몇 년, 몇 십 년 동안 분석하신 분들이다. 당연히 그분들 입장에서는 그런 문제가 매력이 있다. 가끔 보면 필수 작품을 무시하는 수험생이 있는데 절대 그래서는 안 되는 이유다. 그럼 다시 돌아와서, 그분들이 난이도를 조정할 도구로 무엇을 갖고 있을까? 당연히 선지다. 예문으로 제시되는 시나 소설 등은 출제자가 조금 더 관심 있는 것을 갖고 올 뿐이다. 그 분들이 공들이는 것은 선지다. 따라서 문제를 풀 때는 선지부터 읽기를 추천한다. 글을 먼저 읽는다고 우리가 답을 바로 알기는 힘들다. 선지를 읽고 원하는 부분을 찾는 것이 가장 정확하게 문학을 풀 수 있는 방법이다. 일단 문제를 풀어 보자.

문 19. 다음 시에 대한 감상으로 적절하지 않은 것은?

마음도 한자리 못 앉아 있는 마음일 때,

친구의 서러운 사랑 이야기를

가을 햇볕으로나 동무 삼아 따라가면,

어느새 등성이에 이르러 눈물 나고나. (보기 ④의 근거1)

제삿날 큰집에 모이는 불빛도 불빛이지만,

해질녘 울음이 타는 가을 강을 보것네. (보기 ①의 근거)

저것 봐, 저것 봐,

네보담도 내보담도

그 기쁜 첫사랑 산골 물소리가 사라지고

그다음 사랑 끝에 생긴 울음까지 녹아나고

이제는 미칠 일 하나로 바다에 다 와 가는

소리 죽은 가을 강을 처음 보것네. (보기 ④의 근거2)

– 박재삼, 「울음이 타는 가을 강」

---

① 공감각적 이미지를 활용해 시상을 전개하고 있군.

② 첫사랑과 관련된 시어를 반복하여 운율을 형성하고 있군.

③ 대조적 속성을 지닌 소재를 통해 정서를 부각하고 있군.

④ 전통적 어조를 사용해 예스러운 정감을 살리고 있군.

이 문제는 2017년 하반기 국가직 문학 시 문제다. 일단 선지를 읽고 중요 부분에 간단히 줄을 치자. 첫 번째로 보기 ①은 공감각적 이미지를 일단 찾으면 된다. 어렵지 않게 '울음이 타는 가을 강'을 찾을 수 있다. 아직 문제를 푸는 과정이기 때문에 시각의 청각화까지 자세히 알 필요 없다. 두 번째로 잘 보이는 것은 보기 ④번이다. 전통적 어조를 찾으면 되기 때문이다. '~나그나', '~보것네' 등 현재 일상생활에서는 잘 쓰지 않는 전통적인 단어를 써 예스러운 정감을 살리는 것이 느껴진다. 여기서 예스러운 정감이 뭐지? 이걸로도 걸고넘어지진 않을까? 하는 생각까지는 하지 말자. 전통적인 어조를 사용하는데 예스러운 정감이 안 난다는 말을 하기 굉장히 어렵기 때문에 오답을 일부러 만들기도 까다롭다. 구석구석 분석하는 것은 좋지만, 우리는 최소 시간으로 최대 효율을 내야 한다. 한 번쯤 이런 생각을 하는 것은 나쁘지 않다. 이런 생각을 해 봄으로써 출제자의 의도를 한 번 더 파악했기 때문이다. 매번 이러지만 않으면 된다.

문 19. 다음 시에 대한 감상으로 적절하지 않은 것은?

마음도 한자리 못 앉아 있는 마음일 때,

친구의 서러운 사랑 이야기를

가을 햇볕으로나 동무 삼아 따라가면,

어느새 등성이에 이르러 눈물 나고나.

제삿날 큰집에 모이는 불빛도 불빛이지만, (보기③의 근거)

해질녘 울음이 타는 가을 강을 보것네. (보기③의 근거)

저것 봐, 저것 봐,

네보담도 내보담도

그 기쁜 첫사랑 산골 물소리가 사라지고

그다음 사랑 끝에 생긴 울음까지 녹아나고

이제는 미칠 일 하나로 바다에 다 와 가는

소리 죽은 가을 강을 처음 보것네.

– 박재삼, 「울음이 타는 가을 강」

① 공감각적 이미지를 활용해 시상을 전개하고 있군.

② 첫사랑과 관련된(x) 시어를 반복(o)하여 운율을 형성하고 있군.

③ 대조적 속성을 지닌 소재(o)를 통해 정서를 부각하고 있군.

④ 전통적 어조를 사용해 예스러운 정감을 살리고 있군.

돌아가서, 헷갈리는 보기 ②, ③번을 보자. 보기 ②번의 시어 반복은 있는 것 같다. "저것 봐, 저것봐 / 네보담도 내보담도" 이것을 보면 시어를 반복하여 운율을 형성하는 것 같지만 이것은 첫사랑과 관련된 시어가 아닌 것 같다. 그렇다면 보기 ③은 어떨까. 다시 읽어보니 '불빛(불)'과 '가을 강(물)'의 이미지를 대조한 것도 같다. 둘 다 애매하고 헷갈린다. 이럴 땐 출제자이 입장이 되어 보자. 자 어떤 것을 답으로 해야 논란의 여지가 없을까? 보기 ②일까 보기 ③일까? 정답은 보기 ②다. '첫사랑과 관련된'이라는 장치를 넣어 논란의 여지를 없앤 것이기 때문이다. 사실 나는 지금 봐도 '불빛'과 '가을 강'이 와 닿지 않는다. 누군가에겐 당연히 대조라고 느껴지겠지만 나는 원래부터 언어에 특출한 사람이 아니기에 이런 문제에 어려움을 많이 느꼈다. 어떻게 이런 문제를 풀어야 할까 고민하다 '어떤 답으로 가야 논란의 여지가 없을까?'를 염두에 두고 푸니 답에 접근하는 것을 경험한 뒤로 어려운 문제는 매번 이렇게 풀었다. 어떻게 보면 당연한 접근법임에도 불구하고 공부를 하다 보면 자꾸 답의 근거에 집착하다가 잊게 마련이다. 항상 논란의 여지를 생각하라는 것은 아니다. 그냥 '더' 정답인 것을 선택하라는 것이다. 이런 식으로 푸는 연습을 꼭 하도록 하자. 꼭 선지의 근거를 완벽히 찾지 못했더라도 괜찮다. 어차피 우리는 객관식 시험을 치르니까!

이렇게 답을 골라보았다면, 다음은 분석이다. 공부는 문제 풀이와 다르다 선지 하나하나 답의 근거를 찾아보자. 100퍼센트 와닿지 않아도 괜찮다. 계속 풀다 보면 어차피 답으로 간다. 본인이 선지 하나하나 근거를 찾아보고 안 될 때 강의를 듣거나 해설을 펼쳐보자. 이런 식으로 정답에 접근하며 문제를 풀고 바로 선지의 근거를 찾는다면 훨씬 더 오래 머리에 남을 것이다. 문학은 시험 직전을 제외하면 비문학처럼 매일 할 필요까지는 없다. 일주일에 세 번 정도 생각날 때마다 한두 문제씩 풀어주자.

어휘:
수험 기간에 따라 현명하게

영어 어휘보다 난해한 국어 어휘! 2018년에는 이렇다 할 어휘 문제가 나오지 않아 더더욱 감이 안 잡힌다. 어휘보다 한자로 변별력을 만드는 추세인 것 같지만 언제 뒤통수를 때릴지 모르니 항상 대비하자. 어휘를 암기하는 이유는 어휘 문제가 나왔을 때 맞히는 목적 이외에도 의미가 있다. 그래도 초시생 때는 시험 때의 긴장감이 덜 하지만 재시생 이상부터 시험에서의 긴장감은 상상을 초월한다. 이 긴장감을 조금이라도 줄이려고 어휘를 외우는 것이다. 이미 시험을 쳐 본 수험생은 알겠지만 시험장에 가면 나 빼고 다 고수 같다. 노트를 보는 저 사람도, 눈을 감고 명상을 하는 저 사람도 왠지 나보다는 잘할 것 같다. 나는 이럴 때 '나의 3단계 단권화집(3부에서 자세히 설명하겠다)과 어휘는 그래도 저 사람보다는 낫겠지' 하고 계속 되뇌며 마음을 다스렸다. 다른 부분은 비숫하고, 독해 부분은 당일 컨디션이 많이 좌지우지하기에 그다지 마음의 안정을 주지 못했다. 하지만 어휘만큼은 저들보다 많이 외웠을 것이라고 생각하니 마음이 조금 진정되는 기분이었다. 시험장에서 많이 떠는 사람이라면 조금이라도 정확하게 꼭 외웠으면 하는 마음에 말이 길어졌다. 그럼 본격적으로 어휘 공부에 대한 이야기를 해 보자. 항상 말하지만 필수는 기출이다.

예제 25

문 2. 밑줄 친 말의 의미는?

> 몇 달 만에야 <u>말길이 되어</u> 겨우 상대편을 만나 보았다.

① 남의 말이 끝나자마자 이어 말하다. → 말꼬리를 물다.
② 자신을 소개하는 길이 트이다.
③ 어떤 말이 상정되거나 토론이 되다. → 말이 있다.
④ 마음에 당겨 재미를 붙이다. → 맛을 붙이다.

답이 되는 것만 외우는 선에서 그치면 안 된다. [예제25]는 2017년 상반기 지방직 국어 문제다. 답이 되는 ②번을 제외한 다른 것들도 짚고 넘어가야 한다. 초시생도 기출 어휘까지는 꼭 보고 가는 것이 좋겠다. 문제는 재시생부터다. 나 또한 재시생이 되었을 때 얼마만큼 봐야 할지 도저히 감이 잡히지 않았었다. 처음에는《선재국어》4권의 고유어 부분을 전부 외워보려 했다. 밴드 스터디도 들고 최대한 많이 보려 했지만 양이 너무 방대해 계속 지쳐갔다. 후에 내가 찾은 최선의 선택은 '동형

모의고사'에 수록된 어휘들이다. 이선재 선생님의 동형모의고사인 《나침판》에는 기본적인 고유어, 관용구 등이 책의 앞에 수록돼 있다. 양이 너무 적지도 많지도 않기에 외우기 알맞다.

어휘는 특성상 자주 봐주어야 한다. 그러나 매번 연습장에 답을 쓰는 방식은 비효율적이라는 생각이 든 적이 있다. 그래서 내가 찾은 방법은 음성녹음이다. 예를 들어 문제가 '몹시 짓궂은 데가 있다'(2017년 상반기 국가직 어휘 문제)라면 핸드폰으로 '시망스럽다'를 녹음했다. 60개 정도 되는 단어를 녹음 후 다시 들으면서 채점을 해보자. 익숙한 내 목소리와 함께 눈은 단어의 뜻을 읽기 때문에 암기 효과가 두 배가 된다. 처음엔 단어 자체가 익숙지 않아 오래 걸릴 것이다. 하지만 아는 단어가 많이 생길수록 이 방법은 더욱 효과적이 된다.

암기가 너무 힘들다면 밴드 스터디를 활용해보자. 국어 규범 쪽은 외워야 한다는 생각이라도 있기에 어휘 암기보단 낫다. 하지만 어휘는 나올 것이란 보장이 없기 때문에 자꾸 암기를 소홀히 하게 된다. 이럴 때는 밴드 스터디를 이용해보자. '구꿈사'나 '공드림' 등에서 온라인 스터디를 구할 수 있다. 없다면 스스로 만들어도 된다.

밴드는 매일 일정량의 범위를 정하기 때문에 부담스럽지 않게 매일매일 암기할 수 있다. 이렇게 밴드 스터디를 하면 강제적으로라도 어휘를 틈틈이 보게 되기 때문에 나는 이 방법이 어휘를 외우는 면에서는 가장 좋은 방법이라고 생각한다.

한자:
쉬워도 오답률 최상위

　다음은 한자다. 초시든 재시든 사자성어는 필수다. 사자성어는 독음과 뜻이 바로바로 나올 정도로 암기해야 한다. 《선재국어》 4권 사자성어 파트 정도는 완벽히 하고 시험장에 들어가자. 책이 없다면 선재국어 어플을 활용해도 좋다. 움직이는 자투리 시간에 핸드폰으로 암기하면 부담 없이 외울 수 있다. 하지만 사자성어를 제외한 한자어는 쉬워도 오답률이 높다. 너무 스트레스 받을 필요 없다는 뜻이다. 물론 흔들리지 않는 상위 30퍼센트는(보통 흔들리지 않는 상위 50퍼센트라고 표현하지만 한자는 워낙 어려워서인지 30퍼센트 정도밖에 안 되는 것 같다) 이마저도 다 맞히겠지만 우리의 목표는 당일 컨디션에 좌지우지 되는 나머지 70퍼센트다. 고로 신경 쓸 필요가 없다. 다음은 사자성어를 제외한 '한자를 어디까지 공부해야 할까'다. 2018년을 기준으로 표를 만들어 보았다.

	문제 1	문제 2
국가직	독음	틀린 한자 찾기
지방직	생소한 사자성어(한자 보고 유추)	틀린 한자 찾기
서울시	독음	사자성어

색자로 표시한 부분은 정답률이 높은 문제들이다. 역시나 사자성어와 독음이다. 이 파트는 무조건 해야 한다. 검은색 부분은 오답률이 높을뿐더러 공부를 한다 해도 맞히기 어려운 문제들이다. 효율을 생각하면 사자성어와 독음까지만 공부하는 것이 맞는 듯하다. 하지만 비문학과 문학이 부족하면 검은색 문제들도 맞히려는 시도는 해봐야 한다고 생각한다. 문법은 계속 공부하다 보면 거의 다 맞히게 되지만 비문학과 문학은 힘들 수 있기 때문이다. 그렇다면 내가 저 문제들을 맞히려고 사용한 방법을 소개하겠다.

사진은 김병태 선생님의 《국왕한자》 포켓북이다. 포켓북은 비슷한 한자가 모여 있어 틀린 한자 맞히기를 하고 싶을 때 공부하기 좋다. 사진처럼 오른쪽 예시 단어를 가리고 예시 단어를 하나씩 써봤었다. 꼭 그림에 보이는 예시 단어가 아니어도 된다. 내가 쓴 단어가 맞는지 한자사전을 참고해서 매일매일 반복했다. 그렇지만 앞에서 말했듯이 크게 효율적인 방법은 아니다. 전부 머리에 들어오기까지 상당한 시간이 소요되기 때문이다. 따라서 공부하겠다고 마음을 먹었다면 제대로 하는 것이 좋다. 어중간하게 외우면 머릿속에서 전부 섞여 역효과를 낼 수 있다. 하지만 제대로만 외운다면 엄청난 힘을 줄 것이니 하기로 마음먹었으면 끝까지 잘 외워보자!

그 다음으로 도움이 된 것은 검색이다. 난 틀린 한자를 꼭 맞히고 싶다는 생각에 헷갈리는 단어가 생각날 때마다 계속 검색을 했다. 한 번은 '모방'에서의 '모'가 模(본뜰 모)인지, 摸(찾을 모)인지 헷갈려서 검색을 했다. 뜻 자체는 模(본뜰 모)가 맞지만 왠지 손으로 한다는 느낌 때문에 摸(찾을 모)일 것도 같았기 때문이다. 바로 검색했고 模(본뜰 모)가 맞는다는 것을 알게 됐다. 후로 이 단어는 절대 잊지 않는다. 이처럼 궁금한 것을 그때그때 지점 찾아보면 머리에서 잘 떠나지 않는다. 꼭 틀린 한자가 아니어도 된다. 궁금한 단어를 찾아보고 한자를 눈에 바르면 모이고 모여 큰 자산이 될 것이다.

국어 기출문제를
대하는 법

공무원 시험에서 기출문제는 무엇보다 중요하다. 그중 국어는 더더욱 그렇다. 어디까지 공부해야 할지 모르겠다면 기출을 보라. 기출은 양을 정해주는 지표다. 기출에서 나오지 않은 것은 두려워할 필요가 없다. 남들도 다 그만큼만 하기 때문이다. 앞서 말했지만 우리의 목표는 100점이 아니다. 아는 것을 제대로 풀고 오는 것이 목표다. 그런 의미에서 기출은 더더욱 중요하다.

문법

문법은 답만 맞히고 끝내서는 안 된다.

문 4. 밑줄 친 단어의 품사가 같은 것은?

① 모두 제 <u>잘못</u>입니다. → 명사

심판은 규칙을 <u>잘못</u> 적용하여 비난을 받았다. → 부사

② 집에 도착하는 <u>대로</u> 편지를 쓰다. → (의존)명사

큰 것은 큰 것<u>대로</u> 따로 모아 두다. → 조사

③ <u>비교적</u> 교통이 편리한 곳에 사무실이 있다. → 부사

우리나라의 출산율은 <u>비교적</u> 낮은 편이다. → 부사

④ <u>이</u> 사과가 맛있게 생겼다. → 관형사

<u>이</u>보다 더 좋을 수는 없다. → ?

[예제26]처럼 하나하나 내가 답을 쓸 수 있는지 꼭 확인하고 넘어가자. 당해 출제위원들은 당연히 예전 기출을 참고할 수밖에 없다. 문제를 내다가 막히는 부분이 있을 때 돌아와서 [예제26]의 보기 ④번만 새로운 선지로 바꾸어 낼 확률이 크다는 소리다. 출제위원 입장에서도 완전히 새로운 문제를 내기는 부담스러운 것이 당연하다. 이러한 사실을 알고 문제를 바라본다면 조금은 더 꼼꼼히 보게 될 것이다. 헷갈렸던 것은 이처럼 무조건 표시를 해두자. 나는 이 문제를 틀렸다. 맞든 틀리든 기출 문법은 최소 3회독은 했으면 좋겠다. 제대로 분석하면 출제자의 의도가 보이고 그런 순간이 온다면 나중에 모르는 문제가 나와도 답을 맞히기 수월해진다.

문 2. 외래어 표기가 모두 맞는 것은?

① 리포트, 서비스, 워크숍, 콤플렉스

② 색소폰, 쥬스, 텔레비젼, 판타지 → 주스

③ 심포지엄, 로케트, 앙케트, 타월 → 로켓

④ 난센스, 리더십, 싸인, 파일 → 사인

표준어나 외래어 같은 경우는 꼭 이렇게 하나하나 따지고 넘어가자. 특히나 이런 단순 암기를 대충 넘어가면 시험장에서도 대충 생각나기 때문에 더 꼼꼼히 해두자.

비문학

문3. 다음 글에서 '칸트'의 견해로 볼 수 없는 것은?

> 칸트는 계몽이란 인간이 자신의 과오로 인한 미성년 상태로부터 벗어나는 것이라고 했다. 이때 '미성년 상태'는 타인의 지도 없이는 스스로 이성을 사용할 수 없는 상태를 뜻하며, 이를 벗어나는 데 필요한 것은 용기를 내어 스스로의 이성을 사용하려고 하는 것이다. (보기3의 근거)
> 칸트에 의하면 계몽은 두 가지 양상으로 이루어진다. 하나는 개인적 계몽으로 각자 스스로 미성년 상태를 벗어나서 이성 능력을 발휘하는 것이다. 하지만 모든 사람이 개인적 계몽을 이룰 수 있는 것은 아니다. 미성년 상
> (보기1의 근거)

태는 편하다. 이 상태의 개인은 스스로 생각하고 판단함으로써 저지를지 모르는 실수의 위험을 과장해서 생각한다. 한 개인이 실수의 두려움으로 인해 미성년 상태에 머무르기를 선택하면 편안함에 대한 유혹과 실수에 대한 공포심을 극복하며 스스로를 계몽하기는 힘들다. (보기④의 근거)
…(중략) 칸트는 대중 일반의 계몽을 위해 필요한 이성의 사용을 이성의 공적 사용이라 일컫는다. (보기②의 근거)

① 개인적 계몽을 모든 사람이 이룰 수 있는 것은 아니다.
② 대중 일반의 계몽을 위한 이성의 사용을 이성의 공적 사용이라 불렀다.
③ 미성년 상태에서 벗어나기 위해서는 스스로의 이성을 사용하려고 해야 한다.
④ 개인적 계몽을 이룬 이들에게 자유가 주어진다면 독립에 대한 공포심에 빠지게 된다.

　비문학을 공부할 때는 최대한 하나하나 분석해 주는 것이 좋다. 이런 식으로 보기가 지문에서 어떻게 어디에 나왔는지 체크해주자. 이렇게 하다 보면 오답 부분이 좀 더 명확히 보일 것이다. 비문학 공부법에서도 말했지만 너무 부분에 집착하면 큰 틀을 볼 수 없어 답을 선택하기 힘들다. 답이 안 보일 때는 잠시 고개를 젖히고 심호흡을 한 뒤 돌아오자.

문학

앞서 말한 공부법을 계속 적용해보자.

문 4. 다음 시에 대한 감상으로 적절한 것은?

가야 할 때가 언제인가를
분명히 알고 가는 이의
뒷모습은 얼마나 아름다운가.

봄 한철
격정을 인내한
나의 사랑은 지고 있다.

분분한 낙화……
결별이 이룩하는 축복에 싸여
지금은 가야 할 때,

무성한 녹음과 그리고
머지않아 열매 맺는
가을을 향하여

나의 청춘은 꽃답게 죽는다.

헤어지자
섬세한 손길을 흔들며

하롱하롱 꽃잎이 지는 어느 날

나의 사랑, 나의 결별,
샘터에 물 고이듯 성숙하는
내 영혼의 슬픈 눈.

— 이형기, 「낙화」

① 계절의 순환을 통해 자연의 위대함을 자각하고 있군.

② 결별의 슬픔을 자신의 영혼이 성숙하는 계기로 삼고 있군.

(+:긍정적 뉘앙스)

③ 이별을 받아들이지 않으려는 의지적 자세를 엿볼 수 있군.

④ 흩어져 떨어지는 꽃잎을 통해 인생의 무상함을 강조하고 있군.

(−:부정적 뉘앙스)

[예제29]는 2017년 하반기 지방직 문제다. 보기 ①의 '계절의 순환'은 눈 씻고도 찾기 힘들다. 지우자. 보기 ③의 '의지적 자세' 또한 어디서도 찾을 수 없다. 이것도 지우자. 문제는 ②번과 ④번이다. 자세히 읽어 보면 보기 ②번은 긍정적인 뉘앙스를 풍기고 보기 ④는 부정적인 뉘앙스를 풍기는 것을 알 수 있다. 이런 문제는 쉽게 '더' 정답을 선택할 수 있다. 내가 본문에 표시한 단어들 한두 개만 보더라도 이 시는 긍정적인 뉘앙스에 가깝다는 것을 알 수 있기 때문이다. 결별의 슬픔인지, 영혼이 성숙하는지, 인생의 무상함을 강조하는지, 정확하게 풀지 않아도 된다. 보기를 대조해 보고 '더' 정답에 가까운 쪽을 선택하면 되기 때문이

다. 따라서 답은 보기 ②다. 기출은 이렇게 풀리는 문제가 생각보다 많다. 따라서 기출문제로 몇 번 연습하다 보면 확실하지 않아도 정답을 찍는 신기한 현상이 나타날 것이다. 답을 고른 후는 찝찝한 부분을 강의나 해설로 채워 넣자.

어휘&한자

기출에 나온 것은 꼼꼼히 전부 외워줘야 한다. 다른 사람도 그만큼은 하기 때문이다. 남들이 맞힐 것만 같이 맞히면 된다.

예제 30

문 18. 독음이 모두 바른 것은?

① 探險(○○) – 矛盾(○○) – 貨幣(○○)

② 詐欺(○○) – 惹起(○○) – 灼熱(○○)

③ 荊棘(○○) – 破綻(○○) – 洞察(○○)

④ 箴言(○○) – 惡寒(○○) – 奢侈(○○)

한자로 예를 들어 보겠다. [예제30]은 2017년 상반기 국가직 한자 독음 문제다. 문법과 마찬가지로 답을 맞혔다고 끝난 것이 아니다. 손으로 가려도 좋고, 종이로 가려도 좋다. 내가 전부 다 독음할 수 있는지 확인하고 가자. 쓸 필요도 없다. 독음만 완벽히 할 수 있어도 반은 된 것이다. [예제30]처럼 독음 부분이 다 가려져 있어도 바로 읽을 수 있을 정도로 외워두자. 나는 기출문제집을 통해 외우기도 했지만 선재국어 암기 어플을 자주 활용했다. 핸드폰으로 할 수 있기 때문에 왔다갔다 움직이면서 틈틈이 보기 좋았다. 암기가 부담스러우면 이것을 활용해도 좋다.

약점파악

기출문제를 하나하나 꼼꼼히 공부하는 것도 중요하지만 우리에게 더 중요한 것은 약점을 파악하는 것이다. 문제를 풀다가 이론을 모르겠거나 애매하게 푼 것 같다는 느낌이 들 때는 꼭 펜으로 표시해 두자. 공부하고 넘어갔음에도 2회독 때 헷갈린다면 다시 표시해 두자. 시험 직전에 표시가 많이 돼 있는 부분을 집중 분석해두면 시험장에 들어가기 전에 자산이 될 것이다. 틀리는 것, 표시하는 것을 두려워 말고 잘 표시해 두자. 20점은 벌어준다.

동형모의고사
활용법

요즘같이 지문 길이가 길어지고 논리력을 필요로 하는 때일수록 동형모의고사가 중요해진다. 동형모의고사는 한 과목씩 풀기와 다섯 과목을 모아서 시험 형태로 풀기의 두 가지 방법이 있다. 다섯 과목을 모아서 100분에 100문제 풀기는 3부에서 자세히 설명하도록 하겠다.

국어는 15분~20분 정도로 잡고 푸는 것이 좋다. 너무 짧아도, 너무 길어도 좋지 않다. 나는 보통 18분에 맞추려고 노력한 것 같다. 또한 다른 과목도 마찬가지지만 한 선생님의 문제만 푸는 것은 좋지 않다. 최소 두 선생님의 동형을 풀어보라고 추천한다. 다양한 문제에 익숙해져야 시험장에 가서도 당황하지 않고 풀 수 있다.

다음은 국어 안에서 문제 푸는 순서다. 누군가는 순서대로 푸는 것이 편하고, 누군가는 문법부터, 누군가는 비문학부터 푸는 것이 편하겠지만 내가 추천하는 순서는 '문법→어휘→비문학→문학'이다. 문법은 대부분 암기형이다. 아무리 생각하는 문제를 낸다 하더라도 한계가 있다. 일단 보고 모르면 빠르게 넘어갈 수 있는 파트다. 또 기억이 안 나서 넘어간 문제들이 비문학, 문학을 풀 때 생각나는 경우가 많다. 시간을 두 배로 버는 셈이기 때문에 이 순서를 추천한다. 어휘를 두 번째로 배치한 이유는 멘붕 방지다. 어휘는 아무리 외워도 당연히 모르는 문제가 나올 수밖에 없다. 처음에 어휘 문제를 풀다가 '아 망했다!'라는 생각이 들면 안 되기 때문에 정신없이 문법을 풀고 넘어가는 쪽을 추천한다. 비문학이 세 번째인 이유는 그날의 컨디션에 가장 좌지우지되는 파트이기 때문이다. 처음에 풀면 긴장해서 뒤에 풀면 초조해져서 글이 안 읽힐 수 있다. 안정감 있게 세 번째에 배치하는 것이 경험상 가장 좋았다. 또한 시간이 가장 많이 드는 파트이므로 세 번째로 배치하면 안정감 있게 시간 조절이 가능하다. 문학은 사실 언제 풀어도 상관없다고 생각하는 파트라 마지막에 배치했다. 이것은 추천 순서일 뿐이지 정답은 아니다. 본인이 네 가지의 순서를 좀 바꿔가며 안정적으로 문제가 풀리는 순서를 찾았으면 좋겠다. 많은 수험생이 과목별 순서만 중요하게 생각하지, 과목 안에서의 파트별 순서는 크게 신경 쓰지 않는다. 문법&어휘/비문학/문학 푸는 방법이 다 다르고 쓰는 뇌 부분이 미묘하게 다르기 때문에 꼭 순서를 정하자!

순서를 정했다면 이젠 책 활용법을 설명해보겠다. 요새는 모의고사를 풀면 웬만한 강의에서 각 문제별 정답률과 오답률을 알려준다. 해당 선생님 카페나 아니면 강의 자료에 올려두니 꼭 참고했으면 좋겠다. 내가 알려주고 싶은 건 '내가 어려우면 남들도 어렵다'는 것이다. 분명 막힌 문제가 있을 것이다. 문제를 풀다가 별 표를 친다든지, 체크 표시를 해둔다든지 막힌 문제에 표시를 해두고 나중에 그 문제의 오답률을 보자. 그 문제의 오답률이 높다면(내 생각에는 60퍼센트 이상) 너무 슬퍼하지 말자. 선생님이 파 놓은 함정에 다 같이 빠진 것이다. 이건 실제 시험에서도 예외가 아닐 것이다. 항상 그랬다. 마음 졸였던 내가 민망할 정도로! 분명 다들 어려워하니 당황하지 말고 문제를 풀자. 동형모의고사를 푸는 시즌부터는 멘탈 훈련도 필수다. 계속 그런 문제를 만나고, 오답률을 확인한다면 시험장에서 당황하지 않는 승자가 되어 있을 것이다. 물론 오답률이 아무리 높아도 꼭 다 맞히는 엄청난 사람이 종종 있긴 하다. 그 사람은 신경 쓸 필요가 없다. 그런 사람과 본인을 비교하며 괴로워하지 말자. 오답률이 40~60퍼센트대라면 이 문제를 집중적으로 파자. 이런 문제가 상위권으로 가는 지름길이다. 딱 애매하게 아는 사람을 거르는 문제라 할 수 있다. 이런 문제를 맞혀야 탄탄한 상위권으로 간다. 틀렸다면, 내가 상위권이 아니라고 슬퍼하지 말고 약점을 찾았다며 신나하자. 오히려 얼떨결에 맞힌 사람은 실제 시험에서 못 풀 수도 있다. 약점 보완의 기회가 왔다며 신나하자. 문제는 오답률이 40퍼센트대 이하인 문제들이다. 이 문제는 틀리면 안 된다. 반드시 반드시! 제대로 숙지하고 넘어가자. 그렇다고 슬퍼할 것 없다. 이것도 지금 틀려서 매우 다행이라며 안도의 한숨을 쉬고 넘어가자. 지금 틀려야한다. 나는 특별히 외우고 싶거나 어려운 문제들은 그날 그날 플래너에써 놨다.

내가 추천하는 국어 동형모의를 시작하는 시기는 1월말~2월초다. 이때 보는 것이 시험장에서도 생각난다. 중요하지만 모르고 있던 것들, 외우고 싶은 것들, 특히 내가 어려워하는 것은 플래너에 옮겨 써 놓자. 나중에 3단계 단권화를 하면 큰 힘이 될 것이다.

다음은 국어 동형모의고사 강의에 대해 궁금해할 것 같아서 설명해 보겠다. 나는 틀린 문제만 발췌해서 강의를 들었다. 가장 효과적인 방법이었다고 생각한다. 국어를 정말 무서워하고 강의를 들어야 안심이 된다면 들어야 하겠지만 그 외의 상황이라면 틀린 문제만 발췌 수강하고 나머지는 해설지로 대체하는 쪽을 추천한다. 우리에게는 국어 말고도 다른 할 일이 많기 때문이다.

지금까지 국어 동형모의고사 활용법을 살펴보았다. 사실 다른 과목에도 해당이 되는 방법이다. 모의고사로 연습하며 푸는 순서를 정하고, 오답률을 확인해 용기를 키우고, 약점을 파악하면서 보완해 가자. 진부한 얘기일 수 있지만 이제는 실전이다. 하나하나 놓치지 말고 실천해주었으면 좋겠다.

3관왕
합격 플랜

다음 페이지는 내가 다시 돌아간다면 짤 플랜이다. 물론 다들 베이스와 일정이 다르기 때문에 똑같이 하긴 힘들 것이다. 필수적으로 해야 하는 것은 빨간색으로 표시해 두었다. 본인의 상황과 일정에 맞게 적당히 조율해보자. 2월 전까지만 얼추 비슷하면 괜찮다.

3관왕 합격 플랜
영어

7월	8월	9월
기본 강의 중 문법 인강	기출 문법 1회독	구문강의
tip. 하루 듣고 하루 복습 하고!	tip. 기본 강의와 기출문법까지는 어떤 선생님을 들어도 상관없다	추천강의 ┌ 강구영 Back to the syntax
7월 끝까지 어휘암기시작		└ 심우철 합격 구문 or 구문 1000제
추천책 ┌ 보카바이블		└ 주혜연 해석공식
│ 이동기 보카 3000		기출 문법 2회독
└ 손진숙 키스보카		

1월	2월	3월
1월~3월 : 영어동형	추천 동형 ┌ 이동기T : 어휘+어법+생영 Good	
1월~끝까지 : 기출 어휘	│ 손진숙T : 어법 Good 시험과 가장 유사	
+생활영어 암기	│ 조태정T : 어법, 어휘 난해하지만 연습하기 좋음	
문법문제집2. 2회독	└ 강구영T : 어법+독해 어렵지만 실력 향상에 도움	
	tip. 최소 두 선생님 이상 풀기, 다른 과목들보다 한 달 더!	
	문법문제집1, 2 3회독(tip. 체크해둔 것만)	
	*1단계 단권화 →	*2단계 단권화

10월	11월	12월
구문강의	독해 '유형별 강의'	
추천강의 9월과 동일	추천강의 ┌ 강구영 Back to the reading comprehension	
문법문제집1. 1회독		
추천책 ┌ 손진숙 900제 1	├ ebsi 정승익T	
│ 한덕현 464	└ ebsi 이지민T	
└ 이동기 700제	11월~2월 : 구문 복습 무한 반복	
tip. 둘 중 하나는 필수로	문법문제집1. 2회독	문법문제집2. 1회독
풀기		

4월 : 국가직	5월	6월 : 지방직
양 늘리지 않기	1. 국가직 오답 정리 → 약점 보완	
1. 3단계 단권화 : 시험	2. 전 과목 동형 반복	
삼일 전 만들기	tip. 시험 일~이주 전 그만하다 이틀 전 한 번만 풀기	
2. (4월10일 이전 시험 가저)		
전 과목 동형은 시험 이틀		
전 한 번만 풀기		

올바른
영어 공부 방향

　이젠 영어 공부에 대해 써 보도록 하겠다. 공무원 시험은 영어로 합/불이 갈린다 해도 과언이 아니다. 영어는 다섯 과목 중 가장 핵심 과목이다. 특히나 점수가 오르기까지는 어렵지만 오르고 나면 잘 떨어지지 않으므로 합격하려면 영어 점수를 일정 이상은 받아야 한다. 물론 영어 점수가 좋지 않은데도 불구하고 붙은 사람도 있지만 영어는 70점만 맞고 다른 걸로 붙어야지 하고 생각하는 순간 위험 부담은 백 배 이상 커진다. 힘들겠지만 실력만 다져놓으면 효자 과목이 되니 어렵고 막막해도 힘을 내보자. 앞서도 말했었지만 나는 수능 외국어 6등급을 맞은 사람이다. 공무원 시험 직전까지 영어 공부란 것을 해 본 적이 없다. 그렇지만 이번 세 개의 시험에서 높은 영어 점수 덕분에 합격했다. 누구든 할 수 있으니 걱정 말고 달려보자.

2015년까지는 영어의 난도가 상당히 높았다. 아직도 가장 어려웠던 영어 시험이 무엇이냐고 물어보면 2015 국가직, 서울시 시험이 언급된다.

예제 31

10. 다음 대화에서 밑줄 친 'carousel'이 잘못 쓰인 것은?

A: I'm new here at this airport. Where can I get my baggage?

B: Please check at ①carousel number 2.

Do you have anything special in your baggage?

A: I have a 500 watt microwave with a ②carousel.

B: You didn't have to bring it. Most of the hotels have microwaves.

By the way, what are you planning to do first in your trip to Seattle?

A: I'd like to ride the ③carousel at Miners'Landing.

Well, what kind of clothing will be the best here at this season?

It's so chilly.

B: I'd recommend you to wear a ④carousel, then.

아무리 생각해도 전설의 문제 같다. 이 또한 2015년 서울시 영어 문제다. 하지만 2016년부터 조금씩 난이도 조정이 되더니 지금은 좀 나아졌다. 통상적으로는 국가직 영어가 더 어렵고 지방직이 더 쉬웠지만 2017년에 판도를 확 바꿈으로써 이젠 어느 시험의 영어가 더 어렵다고 말하기가 힘들어졌다. 그래도 아직 국어처럼 4페이지로의 변화는 없으므로 길이로 난도를 높이겠다는 의지를 비치지는 않은 듯하다. 어찌 되었든 영어는 항상 극악의 난도를 예상하고 공부하는 편이 낫다. 그럼

자세히 영역별 공부 방향을 알아보도록 하겠다.

어휘

어휘는 별다른 방법이 없다. 단어장 하나를 갖고 정말 미친 듯이 외우자. 여러 단어장을 볼 필요는 없다. 수능 단어장을 보는 사람이 있던데 본인의 선택이지만 단어장을 두 개 만드는 방법은 추천하지 않는다. 수능 단어장을 볼 생각이라면 70퍼센트 정도 외웠다는 느낌이 들 때쯤 바로 공무원 단어장으로 옮기자. 독해를 하다가 정말 중요해 보이는데 모르는 단어가 나오면 사전을 찾아도 된다. 자세한 책 추천과 암기법은 뒤에서 다루도록 하겠다.

어법

기본 강의를 듣자. 압축 강의만 들으면 한 문제가 빈다. 세 문제까지는 맞힐 수 있지만 마지막 한 문제는 못 잡을 가능성이 크다. 운이 나쁘면 두 문제까지 못 맞힐 가능성이 있다. 일단 기본 강의와 기출로 큰 틀을 잡고, 시간이 지나 너무 휘발됐다 싶을 때 압축 강의를 들어야 한다. 독해에 자신 있는 사람(안정적으로 독해 10문제 중 9문제 이상 맞히는 사람)이라면 압축 강의로 최소 시간 최대 효율을 노리는 것도 괜찮다. 하지만 대부분 독해에 자신이 없을 것이다. 돌아가지 말고 기본 강의를 듣자.

구문

구문은 필수 커리큘럼이다. 구문이 돼야 모두가 원하는 '속독'이 가능해진다. 한 번에 문장이 보이지 않는데 속독이 될 리 만무하다. 내가 빨리 읽는다고 속독이 되는 것이 아니다. 걷기도 안 되는데 달리려 하지 마라. 넘어지고 피 흘리고 정신 못 차리는 동안 걸어서 간 사람은 벌써 저 앞에 있을 것이다. 영어는 예상하기로 시작해서 예상하기로 끝나는 과목이다. 구문을 반복하다 보면 앞부분만 읽어도 뒤의 구문이 예상된다. 우리가 배우고 우리의 시험에 나오는 구문들은 어느 정도 한정돼 있다. 옛날에 교과서 자체를 외우고, 《자이스토리》를 몇 십 번씩 풀던 그 아이들이 괜히 영어를 잘하는 것이 아니다. 구문 자체를 통으로 암기하면서 자연스럽게 독해 속도가 빨라졌기 때문에 가능했던 것이다. 단 시간에 내용이 집약적으로 들어오면 독해가 훨씬 수월해진다. 우리의 문제점은 해석을 하다가 가장 중요한 첫 문장을 까먹는 데에 80퍼센트가 있다고 해도 과언이 아니다. 구문의 중요성을 알고 제대로 하자.

독해

마음이 급하다고 독해부터 덜컥 손대서는 절대 안 된다. '어휘+어법+구문'이 어느 정도 돼야 그때부터 제대로 된 독해가 가능하다. 합격 플랜에도 있지만 7월 시작 기준으로 10월까진 '어휘+어법+구문'만 하는 것을 추천한다. 11월, 12월에도 유형별 독해를 해야 한다. 하나하나 독파 후 동형으로 넘어가는 순서가 가장 바람직하다. 나도 저지른 실수이지만 실력이 차기 전까지 하프 문제는 안 푸는 편이 좋다. 하프는 실력 유지용이다. 어느 정도 하는 애들이 하는 것이다. 게다가 호흡도 매우 짧아서 시험보다 당연히 점수가 잘 나온다. 나도 하프 9개, 10개씩 맞고 좋아하던 때가 있었다. 그 해 국가직 영어 점수는 65점이었다. 왜 이런 현상이 발생하는지는 뒤에서 더 자세히 말하도록 하겠다. 이 글을 읽고 '헉' 한 사람이 많을 것이라 생각한다. 괜찮다. 지금이라도 알았으면 다행이다. 차근차근 나와 하나씩 해보자.

어휘(숙어)&생활영어:
겹치기 암기법

본격적으로 영어 공부법을 이야기하기 전에 책에 대한 이야기부터 해보겠다. 아무래도 한 번 어휘 책을 정하면 바꾸기 쉽지 않기에 책을 고르는 데에 신중을 기해야 할 것이다. 조금이라도 도움이 될까 해서 추천과 함께 특징을 써보았다. 자신에게 잘 맞는 것을 선택하면 좋겠다.

1. **보카바이블(표제어 + 파란 글씨)**: 없는 단어가 없다. 많이들 보는 책이라 아무래도 안전하다. 가끔 난해한 단어가 있고 양이 좀 많다는 것을 알아두자.

2. **이동기 보카 3000**: 가장 유명한 선생님의 책답게 있을 만한 단어는 다 있고 깔끔한 느낌이다. 역시 많이들 보기 때문에 안전하고 무난하다.

3. **손진숙 키스보카**: 이 책은 강의를 들으면서 병행하면 좋을 듯하

다. 내가 제대로 한 건 아니지만 처음으로 돌아가면 이 책을 선택할 의향이 있다. 손진숙 선생님의 동형 강의를 들어봤는데 단어를 가르치시는 방식이 매우 좋았기 때문이다. 단어의 느낌을 기억하게 해 주신다.

고민을 많이 하고 있을 것 같아 추천을 해 보았다. 혹시 본인이 외우고 있는 책이 이 중에 없더라도 괜찮으니 걱정 말자. 책은 책이고, 관건은 암기니까!

다들 알겠지만 어휘 암기는 자주 보기가 왕도다. 자주 보기를 적용한 가장 효율적인 방법은 겹치기로 외우기이다. 전 날 새로 외운 것은 다음 날 한 번 더 봐주고 주말에 몰아서, 마지막에 한 번씩 더 봐주어야 한다. 처음 외울 땐 day1씩 겹치고 후에는 하루씩 늘리는 것을 추천한다. 나 같은 경우는 수험 기간이 짧지 않아서 100회독 정도 한 것 같다. 이것도 중간에 책을 한 번 바꾼 것이라 다 합치면 훨씬 많이 봤을 것이다. 어휘는 휘발성이 굉장히 강하다. 3, 4회독에 머리에 어느 정도 들어올 것이라고 생각하면 안 된다. 끝까지 자만하지 말고 외우자. 자만하는 순간 뒤통수를 아주 세게 때릴 것이다. 100회독까지 할 필요는 없지만 최소 8회독은 해주어야 한다. 내가 앞으로 소개하는 방법으로 꾸준히 외운다면 꽤 단기간에 최대 효과를 볼 수 있으니 어휘만큼은 꼭 이렇게 해 주길 바란다.

다음은 처음 1회독 플랜이다(보카바이블 day42 기준).

월	화	수	목	금	토	일
day1	day1,2	day2,3	day3,4	day4,5	day5,6	day1~6
day7	day7,8	day8,9	day9,10	day10,11	day11,12	day7~12
day13	day13,14	day14,15	day15,16	day16,17	day17,18	day13~18
day19	day19,20	day20,21	day21,22	day22,23	day23,24	day19~24
day25	day25,26	day26,27	day27,28	dat28,29	day29,30	day25~30
day31	day31,32	day32,33	day33,34	day34,35	day35,36	day31^36
day37	day37,38	day38,39	day39,40	day40,41	day41,42	day37~42
day1~12	day13~24	day25~36	day37~42			

1. 전 날 본 것은 꼭 다음 날 보자.
2. 일요일에 day 여섯 개를 볼 때 못 외웠거나 찍어서 맞힌 것은 꼭 표시해두자.
3. 그 표시해 둔 것만 day 열두 개씩 볼 때 다시 외우자.

조금 벅차겠지만 어휘를 암기할 때는 호흡이 좀 짧은 편이 좋다. 어차피 봐도 봐도 계속 까먹는다. 호흡이 짧아야 그나마 휘발성이 덜하다. 이렇게 외우면 1회독이어도 day 하나당 총 네 번을 보기 때문에 훨씬 효율적이다. 2회독까지는 이렇게 한 번 더 외워도 되고, 역량이 된다면 day 하나씩 더 늘려도 괜찮다. 시험 직전에는 day 일곱 개씩 6일 동안 보고 그것을 또 압축하고 압축해 전 날에는 책 한 권을 한 번에 볼 것이다(마무리파트에서 더 자세히 설명하겠다). 나중에는 다 아는 단어라 신나게 넘어갈 수 있다. 처음이 가장 힘든 것이니 지레 겁먹지 말고 꾸준히 하자. 어휘 문제에 겁먹지 않는 내 모습을 상상하며 계속 암기하자.

어법:
객관식은 No, 모두 주관식으로

　다음은 어법 공부법이다. 독해가 불안정한 사람은 어법은 꼭 다 맞힌다는 생각으로 공부해야 한다. 가장 배신을 안 하는 부분이므로 어법은 무엇보다도 처절히 공부했으면 한다. 또한 어법을 열심히 하면 구문에도 도움이 되고, 구문에 도움이 되면 독해에도 도움이 되기 때문에 큰 의미가 있다. 그런 의미로 어법은 기본 강의를 꼭 들었으면 한다. 요즘 압축 강의가 많지만 압축 강의로는 커버하지 못하는 부분이 있다. 그리고 그 부분이 생각보다 시험에 많이 등장한다. 압축 강의를 들어도 되는 경우는 1) 영어 베이스가 상당하거나 2) 너무 시간이 없어 한 문제는 버리고 가겠다는 두 가지뿐이다. 이 두 가지 경우가 아니라면 기본 강의를 꼭 듣도록 하자. 만약 모르는 포인트인 한 문제에다가 헷갈리는 문제가 하나 더 나오면 벌써 두 문제를 틀리는 것이다. 알겠지만 공무원 시험에서 10점은 판도를 뒤집는 엄청난 점수다.

그럼 공부법을 자세히 알아보자. 일단 기본 강의를 들으며 문제 유형을 익히자. 이때는 기본서에 있는 예시 문제 정도만 풀면서 감을 잡자. 다음은 기출 문법 강의다. 어차피 기본서가 기출을 배경으로 하는 것이므로 거의 비슷할 것이다. 두 번째 보기 때문에 조금 더 익숙할 것이다. 이때는 혼자 힘으로 문제를 한 번씩 풀어보자. 기본서와 기출 강의까지는 어떤 선생님, 어떤 책을 선택해도 상관없다. 그냥 본인이 좋아하는 선생님의 강의를 들으며 따라 가면 된다. 여기까지는 강의를 병행하자. 다음은 기출문제를 혼자 쭉 풀어보자. 기출문제는 파트별로 나뉘어 있기 때문에 이미 포인트를 알고 있는 상태에서 풀어볼 수 있다. 다음부터가 진짜 시작이다. 포인트가 다 섞여 있는 문제집을 하나 구매하자. 합격 플랜에도 써 두었지만,

1. 손진숙 900제 1
2. 한덕현 464
3. 이동기 700제

이것이 추천하고 싶은 책이다. 특히 《손진숙 900제 1》, 《한덕현 464》 중에 한 권은 꼭 풀도록 하자. 이 책들은 포인트가 다 섞여 있기 때문에 내가 포인트를 찾아야 한다. 이때 문제는 객관식으로 풀지 말자. '저게 틀린 거 같은데?'에서 끝내면 절대 안 된다. 시험장에서는 기계처럼 딱딱 짚어 내야 한다. 객관식으로 하면 절대 바로 짚어 낼 수 없다. 공부

할 때에는 보기 ①, ②, ③, ④의 틀린 부분을 '주관식'으로 맞게 고쳐보자. 처음에는 머리 아프지만 이렇게 하면 시험장에서 엄청나게 시간을 단축하리라고 감히 장담한다.

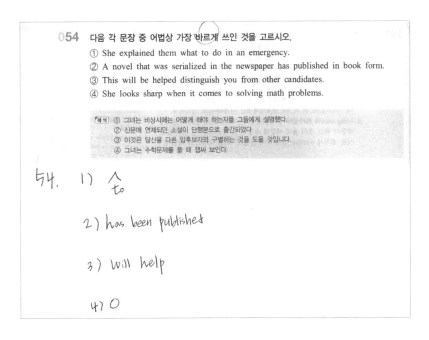

054 다음 각 문장 중 어법상 가장 바르게 쓰인 것을 고르시오.
① She explained them what to do in an emergency.
② A novel that was serialized in the newspaper has published in book form.
③ This will be helped distinguish you from other candidates.
④ She looks sharp when it comes to solving math problems.

[해석] ① 그녀는 비상시에는 어떻게 해야 하는지를 그들에게 설명했다.
② 신문에 연재되던 소설이 단행본으로 출간되었다
③ 이것은 당신을 다른 입후보자와 구별하는 것을 도울 것입니다.
④ 그녀는 수학문제를 풀 때 잽싸 보인다.

54. 1) ↑to

2) has been published

3) will help

4) ○

이런 식으로 풀자는 것이다. 텍스트로 하나하나 살펴보자.

① She explained them what to do in an emergency.

explain은 절대 4형식 동사가 될 수 없는 동사다. 따라서 them 앞에 전치사 to를 붙여주어야 한다. 그것을 연습장에 표시해 두었다.

② A novel that was serialized in the newspaper has published in book form.

언뜻 보면 틀린 것이 없어 보이는 문장이다. 이럴 때는 다시 읽으면서 동사에 주목하자. 보통 동사에 장난을 쳐 놓으면 잘 보이지 않는다. 자세히 보니 has published는 목적어가 필요한데 목적어가 보이지 않는다(in book form은 없어도 되는 전치사구). 또한 주어인 A novel이 출판하고 게재하는 것은 말이 안 된다. 따라서 has published → has been published 이렇게 수동으로 바꾸어주어야 한다. 그것을 연습장에 쓴 것이다.

③ This will be helped distinguish you from other candidates.

그냥 봐도 이상하다. will be helped 뒤에 또 다시 동사 distinguish가 나왔다. 출제자는 무엇을 묻고 싶었을까? 이 또한 능/수동을 묻는 문제이다. will be helped를 will help로 바꾸면 (to) distinguish로 이어질 수 있고(help는 목적어로 to를 생략한 to부정사가 나올 수 있으므로 주의해야 한다) 해석을 해 보아도 자연스럽게 이어지기 때문에 이렇게 바꾸었다. 그것을 연습장에 쓴 것이다.

④ She looks sharp when it comes to solving math problems.

특별히 이상한 것은 없다. looks 수일치가 잘 되었다. looks(감각동사) 뒤 sharply(부사)가 아닌 sharp(형용사)가 쓰였으므로 괜찮다. when it comes to의 to는 전치사이기 때문에 뒤에 동명사가 와야 한다. solve가 아닌 solving이 왔으므로 괜찮다. solve에 해당하는 목적어도 뒤에 있으므로 틀린 것이 없다.

따라서 답은 ④번이다. 글로 쓰니 이렇게 장황하지 실제로 풀면 몇 분 안 걸린다. 특히 ④번을 저렇게까지 분석할 필요는 없다. 본인이 볼 수 있는 포인트까지만 보자. 처음 무작위로 섞인 문제를 풀 때는 상당히 어려울 것이다. 그렇지만 바로 답을 보지 않고 계속 생각하며 풀어주면 좋겠다.

2회독부터는 더 생각을 많이 하자. 이미 한 번 푼 것이기 때문에 답을 보면 분명 '아~하' 하게 될 것이다. 답을 보기 전까지 10분이 걸려도 좋으니 포인트가 무엇일지 고민을 오래 해보고, 그래도 안 보인다면 '이럴 때는 어떻게 답으로 접근할까?'도 생각하면서 문제를 풀자. 이렇게 풀면 문제를 보는 깊이가 달라지기 때문에 최소 2~3회독의 효과를 누릴 수 있다. 합격 플랜에도 있지만 여유가 있다면 서로 다른 문제집 두 개를 각각 3회독씩 해주면 좋다. 2회독까지는 전체 문제를 풀면서 헷갈리는 문제는 표시해두자. 3회독 때는 이렇게 표시된 문제만 뽑아서 푼다. 이 틀린 문제를 가지고 시험장에 들어간다면 큰 힘이 될 것이다.

마지막으로는 문법 노트다. 기출, 문제집에서 풀어도 풀어도 모르는 문제가 분명 나올 것이다. 그런 문제는 따로 공책에 써두자. 본인이 어느 파트를 자주 틀리는지 찾아야 약점 보완이 된다.

다음은 실제 나의 문법 암기 노트다. 일단 처음에는 틀린 문제의 문장을 무작위로 써내려갔다. 이렇게 쓰다 보면 내가 자주 틀리는 유형은 웬만하면 다 들어가 있다. 후에 이 유형을 또 틀리면 별표를 하나씩 더 그려 놨다. 이렇게 별 표가 많은 것이 나의 약점이다. 사진에서 별 표가 많이 붙어 있는 것은 '부정 중복'이다. 나는 이 유형을 이렇게나 많이 틀린다는 것을 인식하고 그냥 저 문장을 통째로 외웠다.

* It is accepted custom in our country for men remove their hats ~.
→ for 의미상S to V
                               to

요답 ⎰ to V   ⎱ 조합!   He left home (without) saying   Few words of consolation from other
     ⎱ Ving   goodbye to no-one.   a few
                                  → anyone.   people cannot bring complete healing.
                            * 부정중복 주의 *   few : 부정적 → few + cannot

* I did not mention anything about ~.   4. ⎰ not   ~ without 의!
                                                            ⎱ never
               주의 = nothing (부정중복), something (부정문)

                            He may feel that he will not be able   It's been good talking
                            to do nothing right.   with you, but I'm afraid
* * 채 ~ 하기도 전에 … 했다 *   → anything   I can't stay no longer.
                                    when   ↓ any
S + had not p.p ~ + ⎰ before S' + 과거V …   (Under no circumstances)
                                                          should you pee give out ~.
ex) I have not gone 2 miles before it began to rain   * He is not such a fool
      *had   but he can't tell A from B
                                                          그는 바보여서 A와 B를 구별못할 정도는 아니다.
* 'to'가 부정사 전치사가 아닌지 의심하자. ⎰ key to Ving
                                    ⎱ clue to Ving
ex) People who tend to remember their dreams also (respond) (strongly than
    others) to hear their name when they're awake.
                to hearing

⊕ be tied to N, respond to N, from A to N, be equal to N,
  be essential to N, be critical to N · with a view to Ting

* What do you say to having dinner with us? : 우리랑 저녁 먹는 거 어때?

    어차피 문제는 비슷하게 만들어지기 때문에 문장을 외우는 쪽이 편하다. 이후에는 부정 중복을 틀린 적이 거의 없다.

구문:
속독의 지름길

어법 못지않게 구문 또한 정말 많이 강조하고 싶다. 나도 초시생 때는 마음이 급해 구문을 제대로 하지 않았다. 가시적으로 성과가 보이지 않기에 잘 공부하지 않는 부분이라는 것을 잘 안다. 하지만 모두가 원하는 그 '속독'을 하려면 구문은 필수다. 자, 생각해보자. 우리는 왜 빠르고 정확하게 독해를 풀지 못할까? 어느 정도 어휘 공부가 됐다는 가정하에, 뒷내용을 예상하지 못해서다. '예상하기.' 들어는 봤지만 도대체 무엇을 예상해야 하는지 모르겠다. 적당히 해석만 되면 풀리는 것 아닌가? 절대 아니다. 많은 수험생이 착각하는 부분일 것이라 생각한다. 우리가 푸는 독해의 구문은 거의 정형화돼 있다. 나왔던 구문이 단어만 바뀌어 나오고 또 나온다.

따라서 구문을 계속 반복해서 보다 보면 그 구문이 그 구문이기 때문에 속도가 붙기 시작한다.

→ 속도가 붙기 시작하면 글을 읽는 호흡이 짧아진다.

→ 호흡이 짧아지면 문장 간의 연결이 훨씬 자연스러워진다.

→ 문장 간의 연결이 자연스러워지면 전체 내용이 보인다.

→ 전체 내용이 보이면 가장 중요한 첫 문장을 놓치지 않는다.

→ 이렇게 되면 처음과 끝을 유기적으로 연결할 수 있게 된다.

보통 아직 실력이 차지 않으면 다음 문장을 읽다가 이전 내용을 잊는다. 이게 독해의 가장 큰 문제다. 호흡이 느려지면 답에 접근하기 힘들어진다. 호흡을 빠르게 하는 과정이 구문이다. 나중에 독해 파트에서 더 자세히 다룰 테지만 해석된 글에 논리를 얹는 것은 크게 어려운 일이 아니다. 구문의 중요성을 알고 제대로 공부하자.

그럼 구문 공부 방법을 자세히 알아보자.

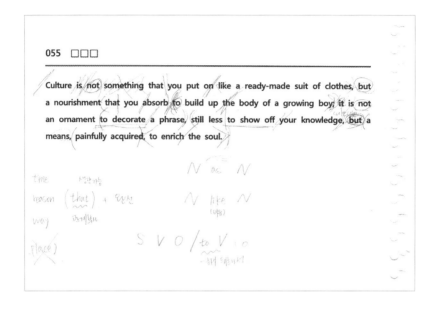

055 □□□

Culture is not something that you put on like a ready-made suit of clothes, but a nourishment that you absorb to build up the body of a growing boy; it is not an ornament to decorate a phrase, still less to show off your knowledge, but a means, painfully acquired, to enrich the soul.

1. 위처럼 처음 구문 분석을 할 때는 하나하나 꼼꼼히 이게 어떻게 쓰였나 음미하면서 끊어 읽기를 해주자.
2. 어렵겠지만 '이게 무슨 말을 하려는 문장일까?' 한 번씩 생각해주자. 당연히 구문 하나만 딸랑 있기 때문에 정답은 없다. 그냥 한번 생각해 보는 것이다. 계속해서 생각하는 힘을 기르자.

055 □□□

Culture is not something that you put on like a ready-made suit of clothes, but a nourishment that you absorb to build up the body of a growing boy; it is not an ornament to decorate a phrase, still less to show off your knowledge, but a means, painfully acquired, to enrich the soul.

056 □□□

What I want to tell young people is that the world is not as dangerous as the older generation would like you to believe. Anyone I know that has ever taken a risk and lost a job has ended up getting a better one two years later.

057 □□□

The reason that a good citizen does not use such destructive means to become wealthier is that, if everyone did so, we would all become poorer from the mutual destructiveness.

책은 두 권 있는 편이 좋다. 하나는 꼼꼼히 분석용, 하나는 계속 읽는 복습용으로 말이다. 두 권이 아니라면 문장만 따로 빼낸 구문 책도 있을 것이다. 어떤 것이든 좋다. 복습용 책은 웬만하면 손을 대지 않고 눈으로 끊어 읽는 연습을 하자. 100퍼센트 제대로 해석이 안 돼도 된다. '주어가 무엇이지? 동사가 무엇이지? 이건 수식인가?' 이 정도만 봐도 충분하다. 크게 통으로 보는 연습을 하는 것이다. 앞에서 말했지만 자꾸 단어 하나, 해석되지 않는 문장 하나에 시간을 쏟다 보면 호흡이 길어져 빠르고 정확하게 독해 문제를 풀기 어렵다. 긴 문장에서 핵심적인 부분만 얻고 나머지는 버리는 것도 실력이다. 그것을 알기 위해 우리는 계속 구문을 분석하는 것이다. 가끔 완벽히 해석하려고 구문 공부를 한다고 착각하는 경우가 있는데 그렇지 않다. 이 점을 염두에 둔다면 좀 더 효율적으로 구문 공부를 할 수 있을 것이라 생각한다.

복습할 때는 최소 10문장, 보통은 20문장 정도 하면 좋다. 시간은 30분을 넘기지 말자. 너무 꼼꼼히 보지 말라는 소리다. 눈에 바르듯이 계속 반복해서 보는 것이 좋다. 아예 이해가 안 가는 문장 정도만 생각하다 보면 20문장에 30분 정도 걸릴 것이다. 4월 국가직 시험 기준으로 2월까지는 계속 해주면 성과가 있을 것이다.

나 또한 그렇게 느꼈지만 구문은 정말 지루한 영역이다. 하지만 그 지루함을 버텨야 무너지지 않는 영어 실력을 가질 수 있다. 구문이 지루해질 때마다 내가 위에 써놓은 말들을 다시 읽고 마음을 잡았으면 좋겠다. 참고 참고 또 참자.

독해: '감(感)'은 내가 만드는 것

독해의 시작과 끝, 예상하기

이제 대망의 독해 파트다. 앞서 말했지만 어휘, 어법, 구문을 어느 정도 갖추지 못했다면 독해는 아직 손대지 말자. 이 세 가지가 밑바탕이 되지 않는 독해는 사상누각일 뿐이다. 마음이 급하다고 무시하는 순간 75점을 넘기기 힘들어질 것이다.

독해를 시작할 때는 유형별로 접근하는 것이 좋다. 어느 정도 실력이 쌓이지 않았을 때 하프를 푸는 것을 비추천 하는 이유도 이 때문이다. 남들이 한다고 따라 했다가는 다 같이 망할 뿐이다. 전략적으로 접근해야 한다. 독해는 유형별로 푸는 법이 각각 달라야 한다. 이것을 모르고 공부하기 시작하면 해석으로만 풀게 되므로 더더욱 막막해진다.

본인이 아예 베이스가 없다면 수능 특강을 듣는 편이 좋다. 나는 정승익 선생님과 이지민 선생님의 강의가 좋았다. 공무원 강의로는 영가

스파르타의 강구영 선생님을 추천한다. 다른 많은 선생님의 강의도 들어봤지만 수준을 올리기보다는 실력 유지에 더 도움이 되는 경우가 많았다.

본격적으로 공부법을 설명하겠다. 처음에는 주제/제목/목적/요지 유형으로 시작하는 것이 좋다.

1. 첫 문장 읽고 앞으로 어떤 내용이 나올까 예측해보자
틀려도 된다. 해 보는 것 자체로 의미가 있다.

2. 주제문을 찾아보자
두괄식(일반형)
두괄식(복잡형)
두괄식(소개문+주제문)
두괄식(소개문+반론문)
두괄식(질의문+대답문)
중괄식
미괄식

주제문의 위치는 크게 위처럼 나뉜다. 너무 어려우면 그냥 앞에 있는지 중간에 있는지, 끝에 있는지 정도만 파악하자.
이 또한 틀려도 된다. 생각하는 데에 가치가 있다. 어차피 이 유형의

답은 주제문을 말하는 것이라 나중에 알게 된다. 본인이 생각한 것이 맞으면 좋아하면 되고, 아니면 왜 내가 그것을 주제문이라고 생각했는지 천천히 복기해보자.

이는 예상하는 힘을 기르는 과정이다. 이 연습을 할 때는 너무 어려운 문제로 하지 않아도 된다. 조금씩 난도를 높여가자. 우리는 독해할 때 예상 외로 '생각'을 하지 않고 읽는다. 이러한 생각의 과정을 거치면 독해 지문을 읽을 때 강약 조절이 가능하게 된다. 평소에 생각을 하지 않고 읽으면 어디가 더 중요한지 모르기 때문에 다 똑같은 속도와 강도로 글을 읽게 된다. 이러니 빠르고 정확한 독해가 힘든 것이다. 앞에서 말한 '구문 예상하기'와 '뒷내용 예상하기'가 합쳐지면 엄청난 속도를 낼 수 있다. 첫 문장만 읽어도 답을 내는 사람은 이 과정을 수없이 많이 연습해온 덕을 본 것이다. 어느 정도 독해가 트이기 전까지는 답답하고 이게 잘하고 있는 것인가 의심이 끊임없이 들 것이다. 하지만 이대로만 한다면 분명 독해가 트이는 날이 오니 지겹더라도 계속 예상하고 생각하며 푸는 연습을 하자.

처음에 다른 유형은 접근하기 어렵기 때문에 이 유형을 계속 반복하기를 추천한다. 모든 유형은 주제와 관련이 있다. 심지어 어쩔 때는 일치불일치까지도 주제문과 관련이 있다. 이 유형이 익숙해지면 어떤 유형을 풀더라도 도움이 되니 충분히 연습한 후 다른 유형으로 넘어가길 바란다.

독해: '감(感)'은 내가 만드는 것

출제자의 장난 '선택지'

유형별로 공부법 강의를 들었다면 이제부터 진짜 시작이다. 독해 지문을 백 퍼센트 이해하고 풀면 가장 좋겠지만 단 시간 내에 완전히 이해하고 답을 고른다는 것은 거의 불가능하다. 그도 그럴 것이 출제자 또한 글의 내용을 완벽히 이해하고 문제를 내는 것이 아니다. 출제자가 심혈을 기울이는 것은 선지다. 보통 난도의 선지를 만들 때는 정말 답이 아닌 것 두 개, 매력적인 오답 한 개, 정답 한 개를 배치한다. "선지 두 개는 지우겠는데 나머지 두 개가 너무 헷갈려요." 사실 당연한 것이다. 그렇다면 효과적으로 어떻게 공부해야 할까.

1. 선지만큼은 정확히 해석하자

앞에서 내가 독해 지문을 완벽히 해석하지 않아도 된다고 언급한 바 있다. 이것을 선지에까지 적용해서는 안 된다. 정말 당연한 말이지만 생각보다 선지를 꼼꼼히 해석하지 않고 넘어가는 수험생이 많다. 그런 약점을 이용해 출제자는 문제를 낸다. 그 예로, 가장 매력적인 오답 중 하나가 원인과 결과를 바꾸어 내는 것이다.

정 해석이 안 되고 뜻이 머리에 들어오지 않는다면 아래 사진처럼 손으로 해석을 써 보아도 좋다. 손으로 쓰다 보면 자연스럽게 말을 풀어 보려고 조금 더 생각하게 되고 그러다 보면 매끄럽게 뜻이 들어올 때가 많다.

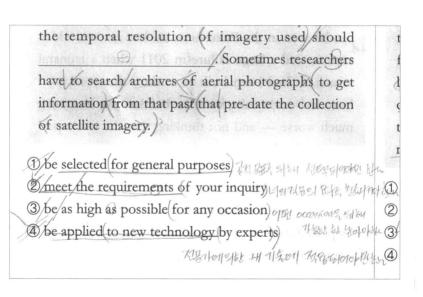

2. 답지를 바로 보지 말자

맞고 틀리고는 지금 중요하지 않다. 문제를 풀고 난 후 잠시 선지를 보고 생각을 해보자.

⑴ 내가 왜 이 답을 골랐을까?

⑵ 헷갈렸던 다른 선지와 내가 고른 답의 차이는?

이렇게 생각한 후 답을 보자. 맞았다면 넘어가면 된다. 문제는 틀렸을 때다. 익숙함은 무섭기 때문에 틀렸을 때 제대로 잡지 않으면 다음에 똑같이 또 틀린다. 왜 틀렸는지 꼭 알아보고 넘어가자.

아래는 내가 실제로 틀렸던 문제다. ①번과 ⑤번을 끝까지 고민했지만 결국 틀리고 말았다. 내가 틀린 이유는 '아래 예시들을 포괄하지 못하는 선지'를 요지로 골랐기 때문이다. 이런 점을 아래 써두고 까먹을 것 같을 때 한 번씩 읽어보자. 똑같은 상황이 반복되었을 때 분명 생각이 나서 정답을 선택하게 될 것이다. 충분히 고민하고 스스로 문제를

---

3 예시는 주제를 뒷받침하기 위한 세부사항일 뿐이다. 이러한 점을 감안하여 위 글의 요지를 고르시오.

① 감기는 주로 코, 눈을 통해 전염된다. 밑에 예시를 포괄하지 못 한다.

② 손을 깨끗이 씻어 청결을 유지해야 한다.

③ 입맞춤은 감기와 아무런 관련이 없다.

④ 감기 균은 여러 정소에서 서식할 수 있다.

⑤ 보균자 근처에 있으면 감기는 쉽게 전염된다.
그러나손.

1,5번 / 주제문을 찾고 내려왔는데 답이 두 개로 보일 때는
아래 예시를 6포괄? 하는 선지를 맞자.

해결한 방법이기 때문에 쉽게 잊히지 않는다.

3. plus vs minus, up vs down

선지를 긍정과 부정의 이미지로 나누어 보거나 상승과 하강의 이미지로 나누어 보자. 사실 이런 문제는 선지만 봐도 답이 나오기 때문에 쉬운 문제에 속한다. 그런데 이 사실을 모른 채 시험장에 들어간다면 그 문제가 과연 쉬울지 장담할 수 없다. 2018년 2차 서울시에서는 이런 방식으로 풀 수 있는 문제가 4문제나 나왔다. 다음 사진들은 실제 내 서울시 시험지다.

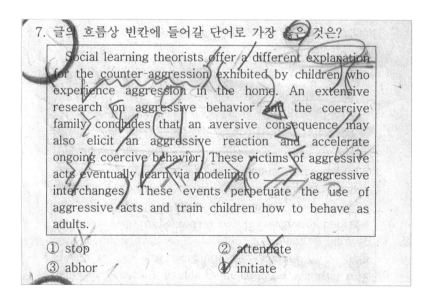

보기 ①, ②, ③은 stop[멈추다](−), attenuate[약화시키다](−), abhor[혐오하다](−)로 모두 부정적 이미지를 갖고 있는 반면, 보기 initiate[시작하다](+)는 긍정적인 이미지를 갖고 있다. 여기서 글을 읽어봤을 때 빈칸이 긍정적인 이미지이면 바로 ④가 답인 것이다. (만약 부정적이라면 보기 ①, ②, ③ 중 하나만 답이 되도록 명확한 근거가 있을 것이다.) 글을 읽었을 때 상승의 이미지라는 것을 알았고 바로 ④번을 선택할 수 있었다.

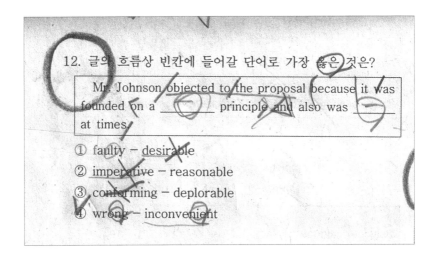

위처럼 짧은 문장에 단어를 넣는 문제는 의외로 쉽지 않다. 일단 힌트가 많지 않기 때문이고, 보기의 단어 뜻을 정확히 알아야 한다는 부담감 때문이다. 하지만 긍정, 부정 또는 상승, 하강의 이미지를 떠올려서 풀면 생각보다 쉽게 풀리는 경우가 많다. 이 문제 또한 그랬다. 논리를 잡아보자. Mr. Johnson이 objected to[거절하다](−)에 대한 이유이므로 첫 번째 빈칸에는 (−)의 이미지가 들어가야 한다. 다음은 and와

also로 이어진 문장이기 때문에 같은 맥락으로 이어져야 한다. 따라서 두 번째 빈칸에도 (−)의 이미지가 들어가야 한다. 보기 ①, ②, ③에는 desirable[바람직한], imperative[필수적인], conforming[순응하는]의 (+)적인 단어들이 있기 때문에 답이 될 수 없다. 따라서 둘 다 부정적인 뉘앙스인 보기 ④가 정답이다.

아래 문제는 보다시피 빈칸이 있는 문장만 읽고 답을 찍고 내려갔다. 보기 ①, ②, ④가 명확하게 (−)이고 ③이 명확하게 (+)인데다가 옳지 않은 것을 찾는 문제라 가능했다. 하지만 분명 전체 지문을 읽은 사람

16. 글의 흐름상 빈칸에 들어갈 단어로 가장 옳지 않은 것은?

Following his father's imprisonment, Charles Dickens was forced to leave school to work at a boot−blacking factory alongside the River Thames. At the run−down, rodent−ridden factory, Dickens earned six shillings a week labeling pots of "blacking," a substance used to clean fireplaces. It was the best he could do to help support his family. Looking back on the experience, Dickens saw it as the moment he said goodbye to his youthful innocence, stating that he wondered "how he could be so easily cast away at such a young age." He felt _____ by the adults who were supposed to take care of him.

① abandoned
② betrayed
③ buttressed
④ disregarded

도 많을 것이다. 나는 그 사람들보다 적어도 1분은 더 번 셈이다.

마지막 문제다. 지문을 읽고 빈칸에 (−)가 들어가는 것을 알아낸 뒤 보기로 왔지만 시험을 볼 때는 ②번이 헷갈렸다. 아마 clown의 뜻이 기억이 안 났던 것 같다. 하지만 ②번의 promote를 보고 어느 정도 (+)일 것으로 예상했고 더불어 3번이 완벽히 (−)의 느낌이기 때문에 큰 고민 없이 3번으로 답을 찍을 수 있었다. 평소에는 완벽히 선지를 해석하는

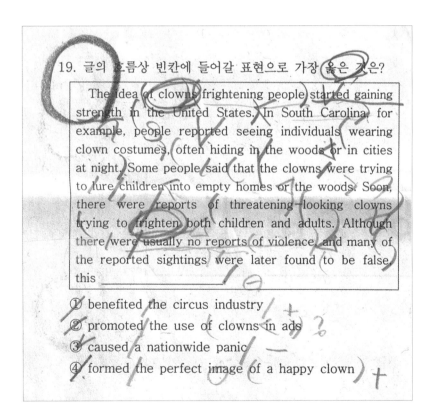

19. 글의 흐름상 빈칸에 들어갈 표현으로 가장 옳은 것은?

    The idea of clowns frightening people started gaining strength in the United States. In South Carolina, for example, people reported seeing individuals wearing clown costumes, often hiding in the woods or in cities at night. Some people said that the clowns were trying to lure children into empty homes or the woods. Soon, there were reports of threatening-looking clowns trying to frighten both children and adults. Although there were usually no reports of violence, and many of the reported sightings were later found to be false, this _____.

① benefited the circus industry
② promoted the use of clowns in ads
③ caused a nationwide panic
④ formed the perfect image of a happy clown

연습을 해야 하지만 시험장에서는 나처럼 해석이 막힐 수 있다. 그래도 풀 수 있다는 것을 보여준 것이다.

서울시 시험 말고 국가, 지방직 시험에도 분명 이런 식의 문제가 꽤 나온다. 2018년 2차 서울시에서 유난히 많이 나왔다는 것을 보여주고 싶어 하나씩 다 설명해 보았다. 독해 10문제 중 4문제는 상당히 크다. 벌써 20점이다. 이렇게 푸는 연습을 평소에 해왔다면 정말 쉽고 빠르게 답을 고를 수 있을 것이다. 하지만 평소에 이런 연습을 제대로 하지 않았다면 시험장에서 될 리 만무하다. 불안해서 읽고 또 읽다가 오히려 오답을 고를 수도 있다. 그러니 항상 대비하고 연습하자.

이 방법처럼 꾸준히 독해 공부를 한다면 분명 좋아질 것이라 생각한다. 일단 예상하고 생각하는 법을 먼저 해 보고 그 다음에는 선지를 최대한 분석하는 식으로 공부해보자. 대부분 알겠지만 독해는 정말 계단처럼 상승한다. 공부하면서도 막막하고 이게 맞는 것인가 싶을 때가 많을 것이다. 하지만 분명히 오른다. 나 또한 문제를 풀다가 운 적이 한두 번이 아니다. 독해 때문에 '이 길을 그만두어야 하나' 하고 수도 없이 생각했고 영어만 봐도 치가 떨리던 순간이 아직 생생하다. 그러나 2018년에는 국가직에서 시간 때문에 아예 보지 못한 두 문제를 제외, 지방직·서울시를 포함해 영어 독해는 다 맞았다. 날 믿고 꾸준히 해주었으면 한다.

독해: '감(感)'은 내가 만드는 것

유형별 팁

1. 주제, 제목, 요지, 목적

⑴ 처음 3분의 1만 읽고 보기로 가서 소거 가능한 것을 소거하자

이 유형에서는 주제에 관련된 예시가 신경 쓰이는 오답으로 나오는 경우가 많다. 예시는 말 그대로 예시일 뿐이다. 가장 중요한 처음을 읽고 일단 소거해보자. 예시를 아직 읽기 전일 확률이 높으므로 답으로 접근하기 수월해질 것이다. 영어는 두괄식이라는 것을 언제나 명심하자. 미괄식 문제가 가끔 있긴 하지만 매우 드물뿐더러 원래 두괄식 지문을 아래만 잘라 가져왔을 확률이 높다.

(2) 소재를 찾자

이 유형의 선지에 소재가 들어 있지 않다면 그것은 오답이다. 이는 주제, 제목, 요지, 목적을 묻는 문제들이기 때문이다. 간혹 글을 읽다 보면 어이없게 이를 놓치는 경우가 있다. 소재가 있는 선지를 선택하자.

2. 문장 삭제

(1) 한 문장으로 소재와 주제를 정리해보자

문장 삭제는 문장 삽입, 순서 배열과 묶이는 경우가 많지만 사실은

05 다음 글에서 전체 흐름과 관계 <u>없는</u> 문장은?

소재 , 주제 = 어떻게 그리냐가 중요.

(A picture is worth a thousand words. How you draw a picture of you and your parents can reveal much about yourself.) ① If your figures have large ears, for example, you might be very sensitive to criticism. ② Friends often draw a picture for you, because they like you. ③ Large eyes, on the other hand, suggest suspicion or tension. ④ Finally, short arms may indicate a lack of motivation.

푸는 법이 다르다. 이는 주제, 제목, 요지, 목적과 비슷하다. 번호가 나오기 전까지는 답의 근거가 될 수 있도록 어느 정도 소재나 주제를 던져줄 것이다. 이 문장을 정확히 해석하고 소재와 주제를 한 문장으로 정리해보자.

소재: picture, 주제: 어떻게 그리느냐가 중요.

이런 식으로 본인만의 언어로 간단히 써보자. 나중에 익숙해지면 일일이 쓰지 않아도 문장이 만들어질 것이다.

(2) 한 번호마다 한 문장과 비교해보자

정리해 놓은 문장을 번호마다 각각 비교를 해보자. 오답은 보통 전 문장과 이어지지만 소재 또는 주제와 어긋난다. 아예 딴 소리를 하는 문제도 있지만 이것은 보자마자 눈에 띌 테니 제외하겠다. ①번과 ②번을 비교하고 ②번과 ③번을 비교하면 분명 오답에 걸릴 것이다. ①번 읽고 주제문과 비교, ②번 읽고 주제문과 비교, ③번 읽고 주제문과 비교, ④번 읽고 주제문과 각각 비교해 보자.

3. 빈칸

⑴ 빈칸 문장을 정확히 해석하자

가장 기본적인 것이지만 생각보다 간과하는 수험생이 많다. 단어만 보지 말고 정확히 빈칸이 들어 있는 문장을 해석했는지 짚고 넘어가자.

⑵ 이미지를 파악하자

앞서 말한 plus vs minus, up vs down 방법이다. 정확히 해석해도 답이 들어오지 않는다면 긍정적 의미인지 부정적 의미인지, 상승의 이미지인지 하강의 이미지인지 파악해보자.

⑶ 전개 방식을 생각하자

주제를 묻는 빈칸이라면 난도가 낮은 편이지만 그렇지 않다면 체감 난도가 높아질 것이다. 주제를 묻는 빈칸이 아니라면 전개 방식을 생각해보자. 글이 주제-예시의 전개인지, 인과관계의 전개인지, 과정을 설명하는 전개인지, 대조의 방식을 사용한 전개인지 생각해보자. 빈칸은 주제가 아니라도 대부분 중요한 정보를 담고 있기 때문에 전개 방식을 파악하면 어떤 내용이 들어올지 좀 더 구체적으로 보일 것이다.

4. 문장 삽입

(1) 주어진 문장을 먼저 읽지 말자

주어진 문장은 완성된 글 중간에서 일부분을 가져온 것이다. 이 부분부터 읽으면 내용이 확 들어오지 않는 경우가 많다. 지문의 보기 ① 전까지 읽은 후 주어진 문장으로 넘어가서 읽자.

(2) 되는 이유보다 안 되는 이유를 찾자

문장 삽입의 특징은 어디에 들어가도 다 될 것 같은 느낌이 든다는 점이다. 이미 내용을 이해해버렸기 때문에 하나의 스토리가 완성돼서 그렇다. 그렇지만 안 되는 이유가 분명히 존재하도록 문제는 만들어진다. 지시어여도 좋고 내용적인 면이어도 좋다. 이곳에 들어가도 되는 이유가 아닌, 이곳에 들어가면 안 되는 이유를 찾자.

(3) 다 읽어도 모르겠다면 일단 보류하자

위에도 말했지만 어디에 들어가도 말이 되는 것처럼 느끼는 이유는 이미 머릿속에서 글을 완성했기 때문이다. 이때는 다시 읽고 읽어도 제대로 답을 찾기 어렵다. ④번까지 읽었음에도 답이 보이지 않는다면 일단 다른 문제를 풀고 다시 오자.

5. 순서 배열

⑴ 일단 꼬리 물기를 하자

내용에 너무 집착하다 보면 가장 중요한 꼬리 물기를 놓칠 수 있다. 일단 주어진 글을 읽고 A, B, C의 앞부분을 빠르게 스캔하자. 하나하나 다 해석하다 보면 또 내용이 머리에서 이어져 찾기 힘들어진다.

⑵ 글의 구조를 보자

순서 배열은 모든 것이 집합된 문제다. 세세하게 볼 필요도 있고 크게 볼 필요도 있다. 세세한 지시어보다 일단 전체 구조를 파악하는 것이 좋다. 예시인지 대조인지 인과관계인지 과정인지 생각해보자. 보통 연결어가 큰 힌트가 된다.

⑶ 문장 삽입 ⑵⑶과 동일하다

문장 삽입과 순서 배열은 비슷한 점이 많다. 마찬가지로 되는 이유보다 안 되는 이유를 찾고, 쭉 읽었을 때 답이 안 보인다면 뒷문제로 보류하자.

6. 일치불일치

(1) 선지부터 읽자

시간을 단축하려면 내가 지문에서 어떤 내용을 봐야 하는지 알아보고 가야 한다. 다른 유형은 선지부터 보는 것을 추천하지 않지만 이 유형은 무조건 선지를 읽고 갔으면 좋겠다.

(2) 시간을 들여야 하는 유형임을 받아들이자

일치불일치는 제대로 해석만 된다면 그냥 주는 문제다. 대신 시간이 걸린다. 시간이 좀 걸려도 맞힐 수 있는 여지가 많기 때문에 놓쳐서는 안 된다. 마음이 급해지면 제대로 해석하기 힘들고 지문과 선지를 의미 없이 왔다 갔다 하는 횟수가 늘어날 수밖에 없다. 빨리 읽는다고 시간이 단축되지는 않는다. 오히려 오답으로 갈 확률이 높으니 그냥 받아들이고 조금 여유를 갖고 풀자.

영어 기출문제를
대하는 법

다음은 영어 기출문제를 활용하는 법이다.

어휘(숙어)&생활영어

합격 플랜에도 나와 있듯이 어휘는 시작하자마자 암기하면 된다. 대부분 공무원 어휘집에는 기출 어휘가 수록돼 있기 때문에 일단 그냥 외우자. 여기에 더해 1월쯤부터 기출 어휘와 생활영어를 외우기 시작하자. 대부분 어휘는 겹칠 것이니 부담 없이 외울 수 있을 것이다. 그래도 혹시나 빠지는 것이 있을까 봐 외우는 작업을 해주는 것이다. 또한 생활영어는 어휘집에 없는 경우가 있으므로 꼭 외워주어야 한다. 추천하고 싶은 책/강의로는,

1. 이동기 선생님 기적의 특강

2. 손진숙 선생님 어휘 특강

이 정도가 있다. 《이동기 영어 기적의 특강》은 동의어가 한 번에 모여 있어 외울 때 좋다. 손진숙 선생님 공티브이 특강 자료는 그 외운 것을 확인할 수 있어서 좋았다. 기출문제 그대로 배치돼 있어 따로 기출문제를 뽑지 않아도 콤팩트하게 들고 다니면서 외울 수 있었다. 다만 손진숙 선생님의 특강에 생활영어는 없다. 다른 특강 등으로 보충을 해주실 테니 생활영어는 그걸로 보완하자.

어법

어법 공부 부분에 썼듯이 일단 기본 강의를 듣고 바로 기출 강의로 넘어 가자. 초시생 때 내가 잘못한 점이 있다면 바로 영어 어법 기출을 소홀히 했다는 것이다. 그냥 적당히 '시중 문제집 풀고 가면 되겠지'라고 안일하게 생각하다가 어법 4문제 중 3문제를 틀린 기억이 있다. 그냥 쉬운 문제집만 풀며 맞았다는 것에 안도한 공부법이 문제였던 것이다. 기출 어법 문제는 생각보다 포인트도 다양하고 난도도 높다. 간과하지 말고 기출을 꼼꼼히 풀자.

독해

독해는 기출에 목을 맬 필요까지는 없다. 공무원 시험은 2013년을 기준으로 크게 바뀌었다. 국어나 한국사는 2013년 이전 문제도 어느 정도 봐야 하지만 영어 독해는 그렇지 않다. 최근 기출부터 2013년 기출까지만 풀어보자. 가장 최근 것부터 역순으로 한 번씩만 풀어도 괜찮다. 어떤 식으로 니오는지 감을 잡는 용도다. 대신 틀린 문제의 신지는 확실하게 분석하고 넘어가자. 출제자는 문제를 낼 때 이전 기출문제들을 참고할 수밖에 없다. 영어는 지문을 다시 쓰는 경우는 극히 드물고 다시 쓴다 해도 유형을 바꾸어 버리면 다른 문제가 되기 때문에 지문 자체를 분석하는 것은 큰 의미가 없다. 대신 출제자들이 기출문제들을 보며 비슷한 선지를 만들어 오답을 유도하기 때문에 선지 분석은 꼭 하기를 바란다.

독해는 언어다. 새로운 단어, 문장들로 자극해줄 필요가 있다. 국어, 한국사와 달리 기출만 보고 붙었다는 경우가 드문 이유도 이 때문이다. 자꾸 새로운 글을 접해야 한다. 언어는 양이 질이 되는 영역이다. 기출에 집착하지 말고 이것저것 풀어보면 좋겠다. 만약 독해 기출을 안 보는 것이 너무 불안하다면 기출 문장으로 구문 분석을 해주는 강의 정도 들으면 좋을 듯하다.

동형모의고사
활용법

　다음은 영어 동형모의고사 활용법이다. 다른 과목은 동형 자체로 실력이 향상되지 않는다. 물론 답을 끌어내는 능력, 약점 보완 등의 의미는 있지만 푸는 과정 그 자체로는 실력이 향상되기 어렵다. 하지만 영어는 다르다. 동형이 실력 향상에 직접 연관이 있기 때문에 무조건 해야 한다. 하프 두 개를 합쳐서 하는 것은 별로 좋지 않다. 동형은 독해 10문제를 유형별로 고르게 배치하고 난도 조절까지 한다. 하지만 하프 두 개를 합치면 그 정교함을 따라갈 수 없다. 실력이 웬만큼 돼서 유지용으로 하는 것이라면 상관없지만 실력 향상을 위해서라면 동형을 풀도록 하자.

　합격 플랜에도 써 두었지만 영어 동형은 1월에 시작하면 좋다. 만약 시간이 없어 늦어졌다면 다른 과목 동형을 줄이고 2월부터 해도 괜찮다. 절대 생략하지는 말자.

국어와 마찬가지로 영어 안에서도 푸는 순서를 정해야 한다. 영어는 좀 더 세분화해서 정하는 것이 좋다. 일단 나는 어휘→어법→독해 순으로 풀었다. 그중 독해는 주제/제목/요지/목적→문장삭제→빈칸→순서→문장삽입→일치불일치 순으로 풀었다. 독해 안에서도 순서를 정해야 한다. 푸는 방법이 묶인 것들이 있기 때문이다. 특히 문장삭제는 주제/제목/요지/목적과 함께 푸는 게 좋다. 많은 책에서 삭제/삽입/순서를 묶어두지만 사실 문장삭제는 주제 찾기와 연관된 유형이므로 주제/제목/요지/목적과 함께 푸는 쪽이 더 알맞다. 빈칸은 가장 독해 머리가 잘 돌아갈 때 푸는 편이 좋을 것 같아 가운데 배치했다. 다음은 순서와 문장삽입이다. 이 두 개의 유형은 지시어를 잘 찾고 앞뒤 내용을 예상하는 데에 핵심이 있다. 따라서 두 개를 같이 푸는 것이 유리하다. 다음은 머리를 그나마 가장 덜 써도 되는 일치불일치 유형을 풀었다. 시간에 대한 압박이 더해지면 생각하는 문제는 더욱 풀기 힘들어진다. 따라서 일치불일치를 가장 마지막에 배치해두었다. 하지만 이는 내 방법일 뿐이다. 시험지를 왔다 갔다 하며 풀어야 하기 때문에 누군가에게는 맞지 않는 방법일지도 모른다. 그냥 순서대로 푸는 쪽이 가장 마음에 안정을 준다면 그냥 그렇게 풀면 된다. 사람마다 다르다. 하지만 그동안 이런 생각 없이 그냥 풀어왔다면 이 순서 저 순서 섞어가며 가장 효율적인 문제 풀이 순서를 만들어 보자. 10점에서 20점까지 차이날 수 있다.

다른 과목도 마찬가지지만 영어 동형은 꼭 두 선생님의 것 이상을 풀어보자. 영어는 당일 컨디션에 가장 영향을 많이 받는 과목이다. 여러 독해 스타일에 익숙해져 있지 않으면 당일에 허둥지둥할 수도 있다. 다음은 합격 플랜에도 써 두었지만 자세히 동형 추천을 해 보겠다.

1. 이동기 T

이동기 선생님의 동형은 어휘+어법+생영이 아주 좋다. 이선재 선생님의 《나침판》과 마찬가지로 꼭 풀어보길 추천한다. 대부분 이동기 선생님의 동형을 풀기 때문에 풀어봐도 손해는 없다. 어휘+생영은 암기하고 넘어 가자.

2. 손진숙 T

손진숙 선생님의 독해 문제는 인사혁신처와 매우 유사하다. 길이도 비슷하고 난도도 아주 약간 높아서 연습하기 적절하다. 하지만 이것만 풀면 시험장에서 더 어렵다고 느낄 수도 있기 때문에 좀 더 어려운 동형을 하나 더 풀어보길 권유한다.

3. 조태정 T

조태정 선생님은 어휘 어법이 상당히 어렵다. 하지만 연습하기에는 아주 좋다. 본인이 모르는 어휘가 나왔을 때, 포인트가 잘 보이지 않는 어법 문제가 나왔을 때 대처하는 법을 기를 수 있다.

4. 강구영 T

사실 가장 추천하지만 현강만 하는 것으로 알고 있어 뒤로 뺐다. 문법 10문제+독해 10문제로 구성돼 있어 문법과 독해를 훈련하는 용도로 좋다. 좋다고 생각한 이유는 소위 말해 더러운 문제가 없기 때문이다. 문법도, 독해도 난도가 높은 편이라 풀 때는 힘들지만 근거가 명확하기 때문에 개인적으로 이때 실력이 가장 많이 향상된 것 같다

마지막으로, 국어 동형모의고사 활용법을 아직 읽지 않았다면 읽어 두는 게 좋다. 국어에만 적용되는 것이 아닌, 동형을 활용하는 방법을 자세히 써 두었으니 꼭 참고하길 바란다.

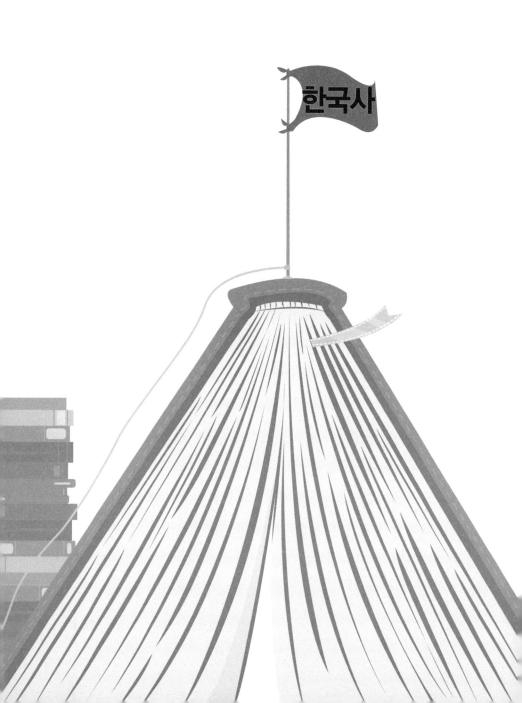

3관왕
합격 플랜

다음 페이지는 내가 다시 돌아간다면 짤 플랜이다. 물론 다들 베이스와 일정이 다르기 때문에 똑같이 하긴 힘들 것이다. 필수적으로 해야 하는 것은 빨간색으로 표시해 두었다. 본인의 상황과 일정에 맞게 적당히 조율해보자. 2월 전까지만 얼추 비슷하면 괜찮다.

3관왕 합격 플랜
한국사

7월	8월	9월
올인원 기본 강의		기출 강의
tip. 당연히 까먹는다. 제발 끝까지 듣자!		tip. 답보고 풀어도 상관
기본 강의는 누굴 들어도 상관없다		없다. 일단 풀어봐야
		한다.

1월	2월	3월
문동균T 핵지총	동형 시작	
+ 부족한 부분 틈틈이 압축	추천 동형 ┌ 고종훈T : 동형모의고사 시즌 1, 2	
강의로 메꾸기	└ 문동균T : 9개+5 모의고사	
	+ 부족한 부분 틈틈이 압축강의로 메꾸기	
	*1단계 단권화 →	*2단계 단권화

10월	11월	12월
기출 강의	**압축 강의**	
tip. 답보고 풀어도 상관	기출 2회독	기출 3회독
없다. 일단 풀어봐야		
한다.		

4월 : 국가직	5월	6월 : 지방직
양 늘리지 않기	1. 국가직 오답 정리 → 약점 보완	
1. 3단계 단권화 : 시험	2. 전 과목 동형 반복	
삼 일 전 만들기	tip. 시험 일~이주 전 그만하다 이틀 전 한 번만 풀기	
2. (4월 10일 이전 시험 가정)		
전 과목 동형을 시험 이틀		
전 한 번만 풀기		

올바른
한국사 공부의 방향

　다음은 한국사 공부법이다. 양이 방대하기 때문에 효율적인 공부가 무엇보다 중요하다. 가장 주의해야 할 점은 처음부터 끝까지 완벽하게 외울 수 없다는 것이다. 특히 한국사를 아예 배워본 적이 없다면 더더욱 그렇다. 기본 강의를 들을 때 그날 배운 것을 한 번에 외울 생각을 해서는 절대 안 된다. 기본 강의는 '완강' 자체에 의미를 두는 편이 현명하다. 처음 한국사를 배운다면 양이 정말 어마어마하다고 느껴질 것이다. 그것을 매일 외우고 또 외운다 하더라도 앞부분을 끝까지 기억할 수 없다. 일단 한 번 들으면서 전체적인 흐름을 잡자. 암기는 기출문제를 풀면서 하는 것이 가장 효과적이다.

　기본 강의를 들을 때는 이야기 듣듯이 편하게 듣되, 머릿속에서 틀을 만드는 데 신경 쓰자. 전근대사는 크게 삼국, 고려, 조선 전기, 조선 후

기로 나뉜다. 또 각각 정치사, 사회사, 경제사, 문화사로 나뉜다. 1회독만 하면 자연스럽게 알 내용이지만 완전 초보라면 모르고 들을 가능성이 있다. 나 또한 그랬기에 아쉬움이 크다. 듣기 전에 전근대사가 어떻게 나뉘는지 인지하고 들으면 좀 더 좋을 것이다. 근현대사는 크게 흥선대원군~구한말, 일제강점기, 현대사 이렇게 삼등분된다. 이 또한 알아두고 내가 지금 어디를 듣고 있는지 어느 정도가 남았는지 조금씩이라도 인지하고 듣자.

다음은 효율적인 암기 방법을 설명하겠다. 나는 한국사 베이스가 정말 아예 없었기 때문에 어느 정도 한국사 실력을 갖출 때까지 정말 힘들었다. 조금이라도 더 효율적으로, 현명하게 암기하는 법이 무엇일까를 계속해서 생각해본 결과, 바로 '문제'를 접하는 것이 가장 좋다고 결론 내렸다. 나중에 말하겠지만 공무원 시험은 객관식 시험이다. 문제풀이가 절대적으로 중요하다. 타 과목도 중요하기는 마찬가지지만 한국사가 압도적으로 문제 풀이가 중요한 것 같다. 기본 강의를 듣고 난 후에는 바로 기출 강의로 넘어가자. 당연히 반도 생각이 안 날 것이다. 그렇지만 다시 들으면 완전 처음 듣는 것보다는 훨씬 나을 것이다. 그 상태에서 강의를 들으며 문제를 풀자. 이때는 답지를 봐도 상관없다. 특히 한국사는 기출문제를 '문제'라고 생각하지 말자. 기출문제는 하나하나 뜯어서 '공부'해야 하는 것이다. 이전의 나도 그랬지만 수험생이 착각하는 가장 큰 문제는 기출문제를 내 현 상황을 판단하는 지표로 사용하는 것이다. 그러면 더 많이 맞히고 싶은 욕심에 개념이 완벽해지기 전까지는 문제에 잘 손을 대지 않는다. 하지만 그러다가 완벽하게 외울 수 없기 때문에 앞부분만 계속 파고 있게 된다. 공부를 어느 정도 할 줄 아는 사람은 바로 문제로 들어가서 패턴을 파악한다. 패턴을 파악하면 암기할 때 효율적으로 외울 수 있다. 그러므로 암기 시간이 매우 효율적으로 짧아진다. 이를 명심하고 바로 기출문제로 들어가도록 하자.

기출문제 1회독을 할 때도 당연히 모르는 내용투성이일 것이다. 이때까지도 완벽히 보려하지 말자. 기출 2회독부터 진짜 시작이라고 생각하자. 문제를 풀고 문제에 나온 개념만 암기하고 넘어가도 양이 상당하다. 기출을 1회독 했다면 압축 강의와 병행하며 혼자 2회독을 시작하면 좋다. 압축 강의를 듣는 이유는 아직 한국사가 익숙지 않기 때문에 자신만의 선입견을 만들지 않기 위함이다. 압축 강의는 강의가 짧아 거의 주요 내용만 다룬다. 이를 들으면서 문제를 풀면 딴 길로 새지 않고 전진할 수 있을 것이다. 기본, 기출, 압축 강의까지는 누구의 강의를 들어도 상관없다. 한국사는 본인과 맞는 선생님의 강의를 찾아 들어야 지루하지 않게 계속 헤쳐 나갈 수 있다. 다른 과목보다 경쟁이 치열하므로 강의의 질은 웬만하면 다 좋은 것 같다. 어느 정도 강의를 들으면서 해결되는 부분도 있는 과목이라 본인과 맞는 선생님을 찾아 듣는 것이 가장 좋다.

이미지 형상화 &
키워드 백지 복습

　다음은 암기하는 데에 도움이 되는 이미지 형상화 암기법이다. 처음에는 어렵겠지만 공부할 때 페이지를 사진 찍듯이 머리에 넣자. 하나하나 단어만 외우려 하지 말고 이미지 자체를 머리에 넣는 것이다.

　다음은 내가 만든 한국사 암기 노트다(처음엔 공부하는 법을 몰라 멋도 모르고 내용 전부를 다 노트로 만들었지만 이는 비추다. 암기가 잘 되지 않는 부분만 만드는 건 매우 추천한다). 내가 만들어서 그런지 이미지가 훨씬 머리에 잘 남았다. 잘 외워지지 않는 부분은 나만의 방식으로 틀을 짜보자. 그대로 이미지가 머리에 남기 때문에 효율적이다. 나는 시험이 끝난 지 꽤 지난 지금도 페이지마다 이미지가 다 그려진다. 세세한 암기는 꽤 휘발됐겠지만 전체 틀은 남아 있다. 그냥 무작정 외웠다면 아

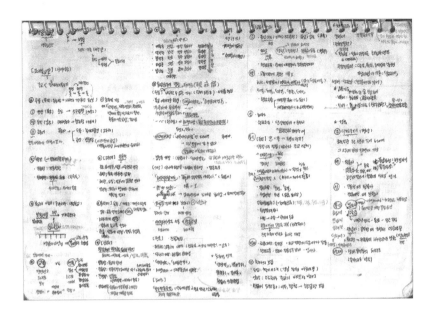

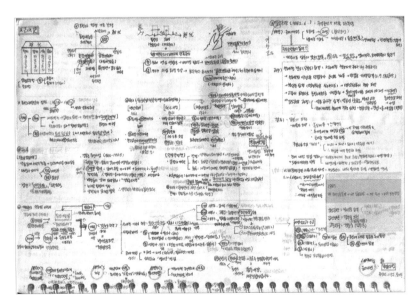

150

마 지금쯤 거의 휘발되었을 것이다.

  이미지가 어느 정도 머리에 그려진다면 다음은 세세한 암기다. 잘 외
워지지 않는다면 백지 복습이 가장 효과적이다.

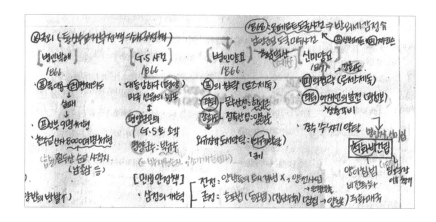

  위는 근현대사에서 중요 개념인 병인박해부터 신미양요까지 내용이
다. 일단 이것을 보고 외워야 하는 키워드를 압축해보자.

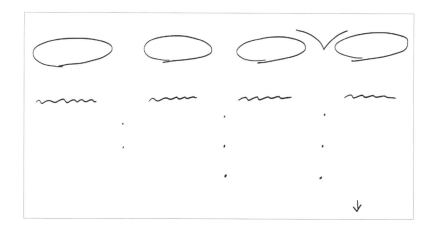

압축이 되었으면 그 수만큼 빈 칸을 만들자. 완전한 백지 복습보다는 덜 막막하고 좋은 방법이다.

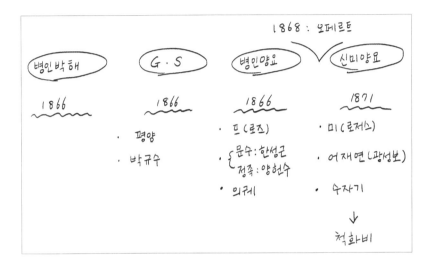

내가 추려낸 키워드들을 맞는 자리에 외워서 써 보자. 많아 보이던 양이 굉장히 많이 압축된 것을 알 수 있다. 한 주제를 갖고 여러 번 연습하다 보면 저 틀이 또 이미지화돼 머리에 남는다. 전체 틀뿐 아닌 세세한 내용도 이런 식으로 반복해서 사진 찍듯 머리에 넣어주는 게 좋다.

또한 공부할 때 두문자에 너무 집착하지 않으면 좋겠다. 나도 처음에는 그렇게 외워야 가장 효율적이라고 믿고 해보았다. 하지만 나중에는 본말이 전도돼 두문자 자체를 외우는 데에 스트레스를 받았다. 그뿐이면 다행이지만 나중에는 두문자만 생각나고 하나하나 무엇이었는지 생각이 안 났다. 게다가 이중으로 뇌를 거치기 때문에 속도도 느려지는 느낌을 받았다. 물론 외워지지 않을 때는 두문자를 따서 외우는 것이

효과적일지 모르지만 전부 그렇게 외울 필요는 없다. 필요한 부분만 내 것으로 만들어 외우자.

말은 거창했지만 사실 한국사는 크게 비법이랄 것이 없다. 가장 중요한 것은 전체 틀을 보는 것이다. 양이 워낙 많기에 그렇다. 지겹겠지만 계속 반복해서 말하는 이유는 내가 이렇게 강조했음에도 하루하루 그날의 분량을 완벽주의 때문에 넘어가지 못하는 수험생이 거정되기 때문이다. 데생을 하듯 공부하면 좋겠다. 어두운 부분은 처음부터 진하게 그린 것이 아니라 얇게 몇 번씩을 덧바른 것이다. 보고 또 보고 봐주자. 진부하지만 이것이 답이다. 몇 번을 외웠는데도 안 외워진다고 슬퍼하지도 말자. 나 또한 시험장에 들어갔을 때 내가 제대로 외운 건가 의문이 들었기 때문이다. 그러니 일단은 기본 강의를 완강하고 바로 문제를 풀면서 외우자. 처음에는 전체 이미지를 머리에 찍어내고 다음은 세세한 암기를 나만의 틀을 만들어 외우자. 키워드 중심으로 말이다. 이렇게 반복하고 반복하다 보면 한국사는 일정 이상의 점수가 나오리라 장담한다.

한국사 기출문제를
대하는 법

계속 반복하지만 기본 강의를 다 듣고 난 후에는 바로 기출 강의를 듣자. 기출 1회독 때는 당연히 제대로 암기가 안 돼 있을 것이다. 이에 두려워하지 말고 답을 보고라도 풀자. 그날그날 푼 건 최대한 암기하되 어차피 한 번에 외워질 양은 아니니 너무 초조해 하지 말자. 다음은 합격 플랜에도 썼듯이 혼자 기출 2회독을 해준다. 이때 압축 강의를 병행하는 것도 좋다. 요새 웬만한 선생님은 압축 강의를 찍는 걸로 알고 있다. 압축 강의를 듣는 이유는 아직 실력이 많이 쌓인 상태가 아닌데 기출을 풀다 이상한 포인트에 꽂힐 수 있기 때문이다. 또한 기억이 휘발되는 것을 막아주기 때문에 이때쯤 계속 압축 강의를 들어주는 것이다. 계속 들어주며 혼자 기출 3회독까지 마무리하자.

재시생 이상이라면 어떤 기출을 풀어도 상관없다. 하지만 초시생이라면 9급 기출문제집을 풀면 좋겠다. 한국사는 9급과 7급의 깊이가 다르다. 처음에 개념이 머리에 그려지지 않은 상태에서 7급 문제에 손대다가 지레 겁먹고 진도를 계속 못 나갈 수 있다. 일단 9급 기출문제를 푼 뒤 내용이 어느 정도 익숙해진 후에 7급을 손대는 쪽이 초시생에게는 유리할 것이다. 7급을 전부 손댈 자신이 없다면 고종훈 선생님의 강의 중 '9급을 위한 7급 기출문제'의 도움을 받으면 좋을 것 같다.

기출을 풀 때에는 선지를 하나하나 뜯어보면서 해야 한다.

예제 32

(신문)

원년 8월 – 김흠돌, 흥원, 진공 등이 반역을 모의하다가 참형을 당하였다.
2년 4월 – 위화부령 두 명을 두어 선거 사무를 맡게 했다.
5년 봄 – 완산주를 설치하였다. 거열주를 승격시켜 청주를 설치하니 비로소 9주가 갖추어졌다. 서원과 남원에 각각 소경을 설치하였다.

① 문무 관리에게 관료전을 지급하였다.
② 거칠부에게 「국사」를 편찬하게 하였다. → 진흥
③ 시장 감독 관청인 동시전을 설치하였다. → 지증
④ 화랑도를 국가적인 조직으로 개편하였다. → 진흥

[예제32]를 보자. 김흠돌을 보고 신문왕의 업적을 묻는 문제임을 알 수 있다. 보기 ①의 문무 관료전 지급은 신문왕의 아주 중요한 업적이다. 여기서 ①번이 답이라는 것만 알고 넘어가서는 안 된다. 보기 ②, ③, ④는 한국사 출제위원들에게 아주 좋은 참고 자료가 된다. 보기 ②,

③, ④ 또한 어느 왕의 업적인지 꼼꼼히 알고 넘어가도록 하자.

다음은 문동균 선생님의 '핵지총'(《문동균 한국사 기출 지문 총정리》)이다. 문동균 선생님의 강의를 듣지 않더라도 이것은 꼭 풀어봤으면 한다. 기출 강의를 듣고 문제를 푸는 것은 유형을 파악하는 과정이다. 이 과정에서는 아무리 열심히 한다 해도 선지 하나하나 날카롭게 뜯어보기 힘들다. 이를 '핵지총'에서 채우는 것이다. 공무원 한국사는 다른 한국사 시험과 다르게 그냥 문장 자체를 바꾸고 단어를 틀리게 해 오답을 만들어 낸다. 이런 시험에서는 말을 어떤 식으로 바꾸는지 파악하는 것도 큰 도움이 된다. '핵지총'은 특히 한 주제에 관한 선지가 모여 있기 때문에 출제자들이 말을 어떤 식으로 교묘하게 바꾸는지 한 눈에 알아볼 수 있다. 다만 지문 총정리이기 때문에 사료가 없으므로 기출에서 사료를 좀 더 꼼꼼히 보고 시작하길 권한다. 나중에 '기출 사료 + 핵지총'으로 단권화 하면 좀 더 쉽게 할 수 있다.

06	수군으로 당의 산둥 지방을 공격하는 한편, 요서 지역에서 당나라 군대와 격돌하기도 하였다.	14년 경찰2차	(O I X)
∨∨ **07**	동북방의 여러 세력을 복속하고 북만주 일대를 장악하였다. 15년 사회복지9급		(O I X)
08	신라와 연합하여 당을 공격하였다. 15년 서울9급		(O I X)
09	3성 6부를 비롯한 중앙 관서를 정비하였다. 16년 서울9급		(O I X)

이런 식으로 틀린 건 그때그때 체크해두도록 하자. 나중에 전부 다 볼 시간이 없을 때 큰 자산이 될 것이다.

마지막으로, 앞서 올바른 한국사 공부의 방향에서도 말했지만 기출문제를 문제로 보지 말자. 기출문제로 내 실력을 판단하려고 들면 자꾸 늦어질 수밖에 없다. 기출은 지식을 습득하기 위한 도구이자 패턴을 파악하는 도구이다. 완벽히 개념을 숙지한 후 기출문제를 풀어야겠다고 생각하는 것은 정말 독이다. 명심하자.

동형모의고사
활용법

다음은 동형모의고사다. 국어와 영어는 그 안에서도 푸는 순서를 정했었지만 한국사는 쓰는 머리가 다르지 않으므로 특별히 그러지 않아도 된다. 한국사 동형은 실력 향상을 위한 것이라기보다 모르는 문제가 나왔을 때 대처하는 법과 최대한 시간을 단축하는 법을 배운다는 느낌으로 풀자. 나는 선택과목이 수학과 과학이었기 때문에 한국사 시험 시간을 단축하는 데 매우 큰 힘을 쏟았다. 내가 선택한 시간 줄이기 전략은 두 바퀴를 도는 것이었다. 첫 바퀴째에는 문제를 읽자마자 답이 1초 만에 떠오르는 것만 풀고 바로 넘어갔다. 두 바퀴째는 죽어도 못 풀 문제와 생각해보면 풀 수 있을 것 같은 문제를 빠르게 캐치하는 연습을 했다. 죽어도 못 풀 것 같은 문제는 그냥 틀린 것으로 쳤고, 생각해보면 풀 수 있을 것 같은 문제는 20~30초 정도 할애했다. 이렇게 하면 보통 난도 문제 기준 8분 안에 한국사를 끝낼 수 있었다. 한국사는 숨이 차는 느낌이 나도록 푼 것 같다. 나만의 전략이었다. 국어와 영어는 생각하는 시간이 필요했고, 수학과 과학은 자체로 시간이 많이 소요되기 때문에 한국사만큼은 그렇게 풀어야 했다. 본인의 선택과목에 따라 한국사 시간을 조율하는 것이 좋다. 너무 빨리 푸는 것도 위험 부담이 따르기 때문에 이것이 꼭 최고의 전략이라고 볼 순 없지만 나는 선택과목 특성상 이것이 최선의 방법이었다. 다른 선택과목도 풀어보며 한국사 시간을 적절히 배분해보자.

한국사 동형모의고사를 푸는 또 다른 이유는 문제를 푸는 센스를 배우기 위해서다. 한국사야말로 공무원 시험이 객관식 시험이라는 것을 보여주는 단적인 예다. 시험을 준비하거나 이 책을 읽지 않았다 하더라도 공무원 한국사가 악명 높다는 이야기는 많이 들었을 것이다. 물론 암기할 것이 많은 것은 사실이다. 하지만 문제 푸는 센스가 있다면 생각보다 어렵지 않게 풀 수 있는 것이 또 객관식 시험이다. 이전에 예를 든 2017년 하반기 국가직 문제를 보자.

문 7. 다음은 '고려사'의 일부 내용이다. 이 시기에 대한 설명으로 옳지 않은 것은?

> ○ 명학소를 충순현으로 승격시켰다. 수령까지 두어 위무하더니 태도를 바꿔 군대를 보내와서 토벌하니 어찌된 까닭인가?
> ○ 순비 허씨는 일찍이 평양공 왕현에게 시집가서 3남 4녀를 낳았는데, 왕현이 죽은 후 충선왕의 비가 되었다.
> ○ 윤수는 매와 사냥개를 잘 다루어 응방 관리가 되었으며, 그의 가문은 권세가가 되었다.

① 충선왕대 이후에도 왕실 족내혼이 널리 행해졌다.

② 향리 이하의 층도 문·반으로 신분 상승을 할 수 있었다.

③ 여성의 재혼을 규제하려는 움직임이 나타났다.

④ 향·소·부곡 등 특수행정구역이 주현으로 승격되기도 하였다.

이전에도 말했지만(1부 나의 직렬은?: 시험별 특징), 만약 보기 ①에서 묻고자 한 충선왕의 재상지종 발표의 의미를 제대로 알고 있었다면 쉽게 풀 수 있는 문제였다. 하지만 공부를 하다 보면 하나하나 제대로 의미를 알고 넘어가기 힘들다. 이런 상황을 대비하려고 동형을 풀어보는 것이다. 헷갈리는 선지는 보기 ①과 ③이다. 두 개의 선지를 자세히 뜯어보자.

① 충선왕대 이후에도 왕실 족내혼이 널리 행해졌다.

③ 여성의 재혼을 규제하려는 움직임이 나타났다.

여기서 주목해볼 단어는 보기 ①의 '널리'와 보기 ③의 '(움직임이) 나타났다'이다. 두 단어는 오답과 정답을 확실하게 하려고 넣은 장치다. 보기 ①에서 만약 '널리'라는 단어가 없었다면 이는 정답이 될 수 있다. 그동안 관습으로 내려오던 족내혼이 하루아침에 사라지기는 힘들기 때문이다. 하지만 충선왕대에 재상지종이 발표되었기 때문에 그 후에 족내혼이 '널리' 이루어졌을 리는 없다.

이번에는 보기 ③을 주목해보자. 보통 고려에서는 여성의 재혼을 막지 않았다고 배우기 때문에 이를 답이라 생각할 수 있다. 하지만 출제자는 애매모호하게 '(움직임이) 나타났다'라는 단어를 사용해 이를 확실히 오답으로 만들었다. 움직임이야 언제든 나타날 수 있기 때문이다.

문제를 많이 풀다 보면 이렇게 더 확실히 정답, 오답을 만들려고 선지에 장치를 심어두는 것이 보인다. 이것이 쌓이고 쌓이면 문제를 푸는 요령이 된다. 동형모의고사를 풀고 오답 체크를 하면서 몰랐던 개념을 확실히 알고 가는 것도 중요하지만 이처럼 헷갈릴 때 답으로 가는 법을 계속 연구하면서 공부하자. 같은 문제를 풀더라도 효율적으로 풀 수 있게 될 것이다.

마지막으로, 국어 동형모의고사 활용법을 아직 읽지 않았다면 읽어두는 게 좋다. 국어에만 적용되는 것이 아닌, 동형을 활용하는 방법을 자세히 써 두었으니 꼭 참고하길 바란다.

계획은 현실적이지만 약간 벅차게 짜는 것이 좋다. 너무 힘겹게 짜놓으면 이행할 수 없기 때문에 중간에 무조건 지칠 수밖에 없다. 악순환이 반복되므로 불가능할 정도로 힘겨운 계획은 꼭 지양했으면 한다.

Part 3

50점 벌기:
계획과 마무리

큰 계획부터
작은 계획까지

이번에는 공부법만큼 중요한 계획에 대해 말해보도록 하겠다. 특히나 초시생은 계획에 민감해야 한다. 처음에는 다 모르는 것 같기 때문에 계획을 철저히 짜지 않으면 이것저것 손대다 엉망이 될 수 있다. 플래너는 아래와 같이 짜는 것이 좋다.

1. 삼 개월 단위
대략적인 틀만 짠다는 느낌으로 만들자.

	1	2	3
1	국어: 매일, 숙술 + 기본서	국어: 악갑제3 반복 모고	국어: 나침반 1.
2		~ 난개는 무한 반복 ~	
3			
4			
5			
6	영어: [국영구 두권 반복 + 간간이 동형]		영어: 매일 동형
7		~ 누베 /789 , 464 /1000제 ~	독기, 친독구. 태정구
8			전부!
9			
10	한화: 암기의 달!	한화: 단기특강!	
11		1출 / 95+5 / 100+5 / 5모1, 1전3 / 행계층	
12		11,00제 기본,심화	
13			
14			
15	행.행정: X	기타 [성욱구 기변모고]	
16			
17			수탁: 금우구 모고
18			

실제 시험 기간 중 나의 계획표다. 너무 세세하게 계획을 짜면 나중에 틀어졌을 때 다 무너지게 된다. 아주 크게 어느 정도 틀만 잡자.

2. 한 달 단위

어떤 강의를 듣고 어떤 책을 볼 것인지까지 생각하자. 또한 강의를 제외하고 매일 해야 하는 학습(단어 등)까지 쓰자.

* 3월 *
국어: 반쪽 + 나침판 + 포겟 + 숨쇼

영어: 보바 + 기초어휘들 + 464
       + 동형들

한국사: 핵개충 + 시즌2

과학: 기변 + 동형

수학 : 동형

실제 나의 2018년 3월 계획표다. 이것도 너무 세세하게 짜면 실행하다 질릴 수 있으니 이 정도로만 하는 것이 좋다. 하루 계획을 짤 때 보기 편하게 포스트잇에 썼다.

3. 하루 단위

나 같은 경우는 일주일 단위로 계획을 짜는 것이 별로 맞지 않았다. 계획을 지켜야 한다는 압박감이 좀 더 크게 다가왔기 때문인 것 같다. 공부하다 보면 아플 수도 있고 너무 지쳐 이행하지 못할 수도 있다. 일

TODAY'S SCHEDULE 오늘의 계획

SUBJECT		∨	TIMETABLE
국어	반적 9,10 복습		
	나냄판 1회		
	포켓북 5개		
	숧 하루치 복습		
영어	진독T 1회		
	4644 20문제		
	보바 day 1 ~ 6		
	기출 어휘 2장		
한국사	핵지총 1/7		
	시즌 2 3회		
과학	기변모고 10회		
	6회 강벽정리		
수학	동형 2회		

* 3월 *

국어: 반쪽 + 나념판 + 포켓 + 숧소

영어: 보바 + 기초어휘들 + 464
　　　 + 동형들

한국사: 핵거총 + 시즌2

과학: 기변 + 동형

수학: 동형

24:00

02:00

목표 학습시간:　　　실제 학습시간:　　　학습만족도: ☹ ☹ 😐 🙂 😄

주일 단위는 하루가 무너지면 일주일 안에 그것을 다 채워야 한다는 압박감이 컸기에 한 달 계획 다음은 하루 단위로 설정했다. 그런 압박감이 공부에 도움이 된다면 간소하게라도 일주일 단위 계획을 짜고 그렇지 않다면 나처럼 하루 단위로 짜는 것도 괜찮다. 하루 단위를 짤 때는 한 달 단위 계획을 20~24일 정도로 쪼개서 짜면 된다.

　위는 한 달 기준으로 써 둔 포스트잇을 옆에 두고 짠 하루 계획표다 (실제 하루 계획표는 줄이 그어져 있어 보기 힘들어 첨부하지 못 했다). 일단 하루 계획표를 짜고 그대로 해 보자. 처음 이삼 일은 양이 가늠이 안 되기 때문에 조정이 필요하다. 너무 스트레스 받지 말고 해 보자. 안 맞으면 조정하면 된다. 그러고 나서 스톱워치 시간으로 9~10시간이 나오는지 보자. 그 정도 시간이 채워진다면 제대로 짠 것이니 그대로 이행하자. 만약 너무 시간이 오래 걸리면 우선순위를 정해 몇 가지는 빼자. 반대로 시간이 너무 적게 걸린다면 다른 것을 추가하자. 9~10시간이 가장 이상적이다.

4. 지속적인 피드백

가장 중요한 과정이다. 계속 중간 점검을 해주지 않으면 계획은 아무 의미가 없다. 공부를 다 하고 집으로 돌아오는 길에 오늘 계획이 옳았는지 이대로 가면 한 달 계획을 마무리할 수 있는지 생각해보자. 물론 굉장히 귀찮은 과정이다. 나 또한 이 과정이 얼마나 중요한지 알고는 있었지만 핸드폰을 가지고 이것저것 하고 싶은 욕구가 굉장했다. 그래서 나만의 룰을 짰다. 피드백을 다 하기 전까지는 핸드폰을 사용하지 않기로 스스로 약속했다. '이 과정을 거치지 않으면 떨어지고 말 거야'라고 스스로 되뇌면서 꾸준히 하니 나중에는 피드백 시간이 줄어들었다. 계획도 피드백도 요령이 생겨 나중에는 시간이 거의 들지 않았다. 처음이 힘든 법이다. 귀찮고 짜증나도 꼭 나의 공부 생활, 패턴, 계획을 피드백하는 시간을 가졌으면 좋겠다.

현실적이지만
약간 벅찬 계획

계획은 현실적이지만 약간 벅차게 짜는 것이 좋다. 너무 힘겹게 짜놓으면 이행할 수 없기 때문에 중간에 무조건 지칠 수밖에 없다. 악순환이 반복되므로 불가능할 정도로 힘겨운 계획은 꼭 지양했으면 한다. 반대로 너무 여유로운 계획도 좋지 않다. 특히 초시생이 아니라면 약간 벅차게 짜는 편이 좋다. 초시생과 재시생 이상은 심적 부담감의 정도가 크게 차이날 수밖에 없다. 재시생 이상이면 공부 시간이 어느 정도 채워져야 불안감을 줄일 수 있다. 계속 불안하다면 계획을 제대로 짜고 공부 시간을 채워 보자. 훨씬 불안감이 덜해지는 것을 경험할 수 있을 것이다.

그리고 본인의 위치를 냉정하게 파악하면 좋겠다. 단기 합격은 물론 좋다. 마음만은 단기 합격하겠다는 각오로 공부해야 맞다. 하지만 본인의 상황을 고려하지 않고 무조건 단기 합격에만 맞춰 계획을 짜다 보면 다음 시험을 준비할 때 피를 볼 수 있다. 특히 가장 많이 하는 실수는 기본 강의를 듣지 않는 것이다. 6개월 단기 합격을 하겠다고 기본 강의를 뛰어 넘고 요약 강의를 듣는 것은 절대 안 된다. 요약 강의는 기본 강의를 듣고 나서 부족한 부분을 채워 넣는 강의다. 전체 틀을 모르는 상태에서 무작정 요약된 것만 듣는다면 사상누각이 될 것이다. 또한 다음 시험을 준비할 때 문제가 생길 수 있다. 본인이 다 안다고 착각하기 때문이다. 마음을 다잡고 기본 강의를 들으려 해도 왠지 다 들어본 것 같아 시간이 아깝다고 느낀다. 이러면 악순환이 반복된다. 일반적인 단기 합격에 목숨 걸 게 아니라 자신에게 맞는 단기 합격을 하자. 나는 베이스 없이 출발했다면 2년도 사실 단기 합격이라고 생각한다. 인터넷에는 정말 과장된 것들이 많다. 실제 합격생을 만나 보면 2년 이상이 태반이다. 수많은 학원 홍보에 현혹되지 말자. 하도 노량진 학원들이 단기 합격으로 홍보하니, 다들 단기 합격의 꿈을 안고 이 시험에 뛰어 든다. 꿈을 품는 것까지는 상관없지만 그것 때문에 오히려 더 수험 기간이 길어질 수 있다는 점을 명심하자.

마지막으로 앞에서도 말했지만 계획을 짤 때는 시간도 고려해야 한다. 할 것만 한다면 공부 시간은 상관없다고들 말하지만 나는 그렇게 생각하지 않는다. 스톱워치 시간으로 최소 9시간은 해야 한다고 생각한다. 평균적으로 10시간은 나와 줘야 한다. 공시 공부에서 '할 것'이라는 범위는 과연 어디까지일까? 수험 기간에 어떤 선생님의 공부 방법 영상을 본 적이 있는데 나는 그 말에 아직도 매우 공감한다. 바로 이 시험

(공시)은 효율성보다 안정성이 중요한 시험이라는 것이다. 7시간 공부하고 80점이 나온 사람과 10시간 공부하고 85점이 나온 사람이 있다. 효율적인 면에서는 당연히 전자가 우세하다. 하지만 나는 이 시험에서는 후자의 방법이 맞는다고 생각한다. 특히나 근소한 차이로 여러 번 떨어진 나에게는 더더욱 공감이 되는 말이었다. 꾸준히 공부하면 합격 커트어저리에서 점수가 왔다 갔다 할 것이다. 이때는 말 그대로 한 문제가 당락을 좌우한다. 마지막 한 문제를 맞힐 확률은 누가 더 높을까. 따라서 공부의 양도 양이지만 시간도 꼭 고려해 계획을 짰으면 좋겠다. 잘 지켜지지 않는다면 계획표와 스톱워치를 사진으로 남겨두는 것이 도움

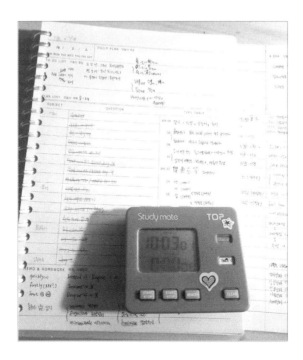

이 된다.

앞은 내가 매일 찍던 계획표와 공부 시간 인증샷이다. 시간을 적어두기보다 이런 식으로 찍고 주말마다 확인하면 가시적으로 보여서 좋다. 시간을 지키기 힘들다면 이렇게 찍어서 보관해 보자.

용기를 주는
3단계 단권화

다음은 마무리다. 타 시험도 마찬가지이겠지만 공무원 시험은 특히 마무리가 중요하다. 꾸준한 공부와 막판 스퍼트가 공무원 시험의 전부라고 해도 과언이 아니다. 앞서 1부(무턱대고 하다 보면 일 년 더)에서도 말했지만 마무리에서 무너지는 사람 중 두 번째 경우는 단권화에 실패한 사람들이다. 양이 상당한 공무원 시험은 줄이고 줄여 시험장에서 터뜨리는 것이 관건이다. 시험이 다가올수록 불안하다고 이것저것 보면 절대 안 된다. 본인이 제대로 공부해 왔다면 불안감을 최소화하고 공부한 것을 압축해서 시험장에 들어가자. 이번에는 이를 최대한 효율적으로 할 수 있는 3단계 단권화 법을 소개하고자 한다.

1단계: 그날그날 플래너에 외우고 싶은 것들을 무작위로 쓰자

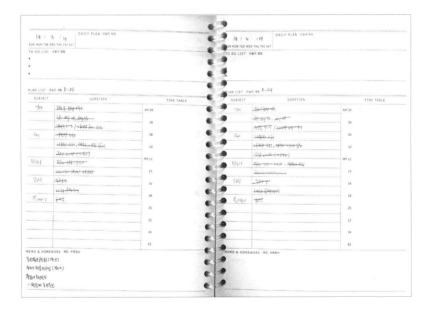

내 플래너 중 가장 양이 많았을 때와 가장 양이 적었을 때다. 양에 구애받지 않고 그냥 외우고 싶은 것은 그때그때 썼다는 것을 보여주려고 첨부했다. 보통 전 날 쓴 것과 당일 쓴 것들은 계속해서 읽었다. 이때는 암기라는 느낌보다 그냥 읽는다는 생각으로 봤다. 양이 계속 쌓이면 앞에도 한 번씩 봐주어야 한다는 생각에 회독한 날짜를 위에다 써 두었다

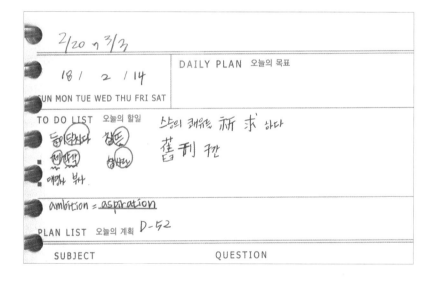

앞은 2월 14일 나의 플래너다. 14일, 15일은 기본적으로 한 번씩 읽어 주었고 2월 20일, 3월 3일에도 다시 봤다는 표시다. 앞에서부터 차례대로 할 필요 없다. 양이 그때그때 다르기 때문이다. 본인이 원하는 페이지 한두 개씩 저렇게 읽어주고 넘어가자. 원하는 페이지를 읽기 때문에 지루하지 않고, 날짜를 적어두면 오래됐을 때 또 보고 싶어지는 효과도 있다.

2단계: 색칠된 것만 다시 옮기자

앞의 사진을 기준으로 2월 20일에 봐도 모르겠는 것들은 주황색 펜으로 표시했고 3월 3일에 다시 봐도 모르겠는 것은 회색 펜으로 표시했다. 2단계 단권화를 할 때는 이것들 중 또 모르는 것만 옮겼다.

노트 하나에 이런 식으로 옮겼다. 날짜별로 과목 상관없이 무작위로 적었다. 생각보다 줄어든 양에 놀랄 것이다. 플래너의 웬만한 것들이 머릿속에 들어왔다는 뜻이다. 아무 생각 없이 몇 번 읽은 것뿐이지만 내 의지로 적은 것들이라 금방 외워진다. 이 2단계 단권화 노트는 생각 없이 자주 봤다.

3단계: 8-4-2-1로 줄이자.

시험이 다가오기 15일 전부터는 8-4-2-1로 줄여 나갔다. 전체를 8등분으로 나눠 8일 동안 보며 헷갈리는 것들을 연두색 형광펜으로 표시했다. 다음엔 그 연두색 형광펜으로 표시된 것만 4일에 나누어 봤고, 여기서 또 헷갈리는 것은 주황색 형광펜으로 덧칠했다. 마찬가지로 다음 날에는 주황색으로 덧칠한 부분만 2일에 나누어 봤다. 이번에도 헷갈리는 것은 하늘색 형광펜으로 표시를 해두었다. 이렇게 하면 전체적으로 내용이 머리에 다 들어온 것이다. 시험 하루 전에는 하늘색 형광펜으로 표시한 것만 모아서 봤다. 이번에도 헷갈릴 것 같은 것들은 포스트잇에 옮겨 적었다.

이렇게 옮겨 적은 것들을 A4용지에 붙이면 이것이 3단계 단권화다.

이런 식으로 단권화를 해주면 시험장에 들어갈 때 용기가 생긴다. 물론 이 외에도 나올 수 있는 내용들은 무궁무진 많지만 적어도 내가 단권화 한 내용들은 맞힐 수 있기 때문에 나는 '할 만큼 했다'라는 자신감이 든다. 전부를 맞힐 수는 없다. 그러나 내가 한 것은 확실히 맞히고

와야 한다. 그런 의미에서 이 단권화 방법이 도움이 될 것이라 믿어 의
심치 않는다.

100분
모의고사의 기적

시험이 계속 어려워지기 때문에 5과목을 100분에 푸는 모의고사는 꼭 해보라고 당부한다. 특히 지엽적으로 어려워지는 것이 아니라 사고력을 요하는 문제들이 어려워지고 있기 때문이다. 웬만하면 3월부터 100분 모의고사를 하면 좋고 시간도 실제 시험과 마찬가지로 10시부터 시작하면 좋다. 방법은 간단하다. 과목별로 시중 모의고사와 OMR 답안지를 준비하자. 다섯 권 모두 오늘 풀 부분을 펴 놓고 OMR도 옆에 두자. 실제 시험과 거의 유사한 형태로 보는 것이 좋다.

100분 모의고사를 하면서 얻어야 하는 것은 내가 어떻게 시험을 봤을 때 최대 점수가 나오는지 아는 것이다. 일단은 과목 순서를 정해보자. 공통에 비중을 두어야 하기 때문에 공통 과목을 먼저 푸는 것이 좋다. 선택 먼저 깔끔하게 풀고 공통에 집중하고 싶다면 그래도 되지만 위험 부담이 크다. 선택이 어렵다면 타격이 있기 때문이다. 게다가 아직 공통의 난도를 모르니 조급해질 수밖에 없다. 웬만하면 공통 과목부터 풀자.

공통 중에서는 영어를 두 번째나 세 번째로 두는 것이 좋다. 국어, 한국사는 지식으로 푸는 문제가 영어보다 훨씬 많다. 어느 정도는 정해져 있다는 소리다. 게다가 어려우면 다 같이 어렵고 쉬우면 다 같이 쉽기 때문에 부담이 덜하다. 하지만 영어는 아니다. 당일 컨디션이 가장 중요한 과목이다. 가장 안정적으로 머리가 돌아가는 시간에 푸는 것이 현명하다. 첫 번째로 풀면 아직 긴장이 풀리지 않은 상태라 머리가 잘 돌아가지 않는다. 두 번째나 세 번째에 풀도록 하자. 너무 추상적이니 구체적으로 내가 푼 순서를 예로 들어보겠다.

○ 55분~1시간: '한국사 → 국어 → 영어'를 일단 최대한 풀고 이때 한 번에 답이 안 보이는 문제는 과감히 별표를 치고 넘어갔다. 확실히 답이 보이는 것은 마킹도 하고 넘어갔다.

○ 30분: '과학 → 수학'을 30분 동안 풀고 전 문제 마킹까지 끝냈다. 선택 과목은 평소에 내가 빠르게 풀 수 있는 문제와 아닌 문제를 가리는 훈련을 많이 했다.

○ 남은 시간: 앞의 공통과목에서 별표 친 부분을 이때 마무리했다. 이미 모르는 문제 빼고 마킹을 다 해둔 상태라 생각보다 시간에 여유가 있었다.

몇 번 연습을 한 결과 이 순서가 가장 점수를 극대화하는 방법이란 것을 알았다. 한국사를 가장 먼저 배치한 이유는 가장 자신 있는 과목이었기 때문이다. 게다가 암기 과목이라 머리를 많이 쓰지 않아도 돼서 긴장을 풀기에 좋았다. 다음에 영어보다 국어를 먼저 배치한 이유는 시간 배분 때문이다. 나는 두 번째로 영어를 풀면 시간이 많이 남았다고 생각해 시간을 너무 많이 쓰는 경향이 있었다. 따라서 국어를 먼저 배치해 위험 부담을 줄였다. 다음으로 영어를 풀면서 최대 한 시간 안에 끝내려고 노력했다. 다음은 선택과목이다. 내 선택과목은 특성상 시간이 굉장히 많이 필요했다. 따라서 30분이라는 시간을 딱 정하고 그 안에 못 푼 것은 그냥 버리는 쪽을 선택했다. 이래야만 공통과목 점수가 안정적으로 나왔기 때문이다. 이렇게 풀면 10분 정도가 남는다. 이때는 아까 공통과목에서 별표 친 문제들을 다시 보러 갔다. 이미 한 번 본 문제들이라 답 고르기가 더 수월하다. 특히 다른 문제를 푸는 동안 출제 의도가 파악되는 경우가 꽤 있다. 이런 이유 때문에 모르는 문제를 붙들고 있기보다 빨리 다른 문제로 넘어가는 것이 좋다. 어차피 생각날 문제면 다른 문제를 푸는 동안에도 번뜩 떠오르기 마련이다. 절대 처음부터 그 문제에 매달리면 안 된다. 이런 경험을 해보려고 100분 모의고사를 하는 것이다.

문제를 푸는 순서에 정답은 없다. 그냥 이 순서 저 순서 다 해보면서 본인에게 가장 안정적인 느낌이 드는 순서를 정하자. 또한 앞의 과목별 공부법에서도 말했듯이 과목 안에서도 순서를 정하는 것이 좋다. 순서를 정하고 나서는 체화되도록 계속 연습하자. 시간도 100분을 딱 지키

자. '실전 가면 다르겠지'라고 생각하지만 절대 그렇지 않다. 오히려 연습보다 더 허무하게 100분이 끝난다. 지금 연습하고 있는 그대로 시험장에서 똑같이 하기 때문에 더더욱 철저한 연습이 필요하다. 연습은 실전처럼, 실전은 연습처럼. 이런 마음가짐으로 연습한다면 당일에도 실력을 발휘할 수 있을 것이다.

황금의 시간
일주일 전

이번에는 막판 스퍼트에 대한 이야기를 해보겠다. 공무원 시험을 준비하면서 꾸준함이 가장 중요한 건 맞지만 더 중요한 것이 막판 스퍼트다. 많이들 그냥 꾸준히 하다가 잠 충분히 자면서 마지막 일주일을 보내면 된다고 말하지만 그것은 오산이다. 공무원 시험은 수능이 아니다. 하루 종일 앉아서 사고력을 요하는 문제만 푸는 게 아니란 말이다. 극단적으로는 밤을 새우고 가도 괜찮다. 그래봤자 100분이고 70퍼센트가 암기 문제다. 책상 앞에 앉아서 졸지 않는 이상은 내가 제대로 외운 것은 기억이 나기 마련이다. 방대한 양을 줄이고 줄이고 압축해서 머리가 터질듯이 넣어야 한다.

시험 1~2주 전부터는 꼭 봐야 하는 것을 정해두자. 1~2주 전부터 봐야 시험장에서 다 생각난다.

과목	페이지	1회독:8일		2회독:4일		3회독:2일
어휘 ...	8 ~ 29	2.5쪽		22쪽/4.5.6.6		11/11
		o o o o o		8-12 o	13-17 o	o
		o o ✗		18-23 o	24-29	o
한자	30 ~ 71	5쪽		42쪽/10.10.11.11		21/21
		o o o o o		30-39 o	40-49 o	o
		o o o o o		50-60 o	61-71 o	o
맞춤법 - 올바른 문장	72 ~ 113	5쪽		42쪽/10.10.11.11		21/21
		o o o o o		72-81 o	82-91 o	o
		o o o o o		92-102 o	103-113 o	o
언어예지 - 고전문학	114 ~ 129	2쪽		16쪽/4.4.4.4		8/8
		o o o o		114-117 o	118-121 o	o
		o o o o		122-125 o	126-129 o	o

위는 서울시 시험 전 나의 《서울시 SOS》 진도표다. 꼭 전부 외우고 가야겠다는 생각이 있었기에 체계적으로 외웠다. 8-4-2-1로 진도표를 만드니 보기에도 좋았고 꼭 해야 한다는 압박도 생겨 실천할 수 있었다. 《보카바이블》은 day42로 이루어져 있기 때문에 하루에 day6씩 7일에 나누어서 외웠다.

이런 식으로 전 과목 세세히 따져보면 해야 할 양이 상당할 것이다.

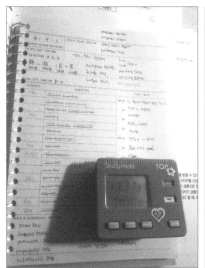
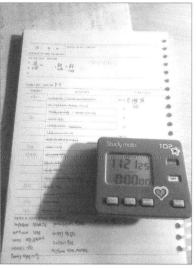
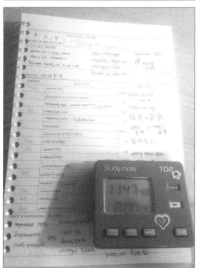
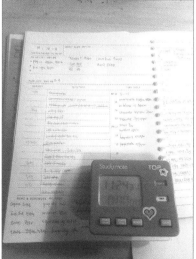

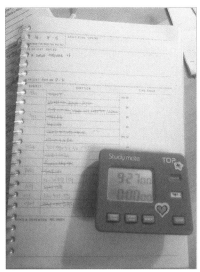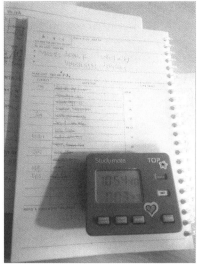

　앞 사진들은 국가직 시험을 보기 일주일 전 나의 플래너와 공부 시간이다. 시간이 제대로 보이지 않겠지만 차례로 11:31, 11:21, 11:47, 11:24, 9:27, 10:54이다. 꾸준히 하는 걸로는 부족하다는 것을 보여주려고 첨부했다. 합격자들도 발표가 나기 전까지는 절대 합격할 줄 모른다. 나는 이렇게까지 하면서도 당일에는 가능할까 의심만 했다. 그럼에도 마지막 마무리를 잘했다는 생각에 불안감이 다른 시험 때보다 훨씬 덜했던 것 같다.

　마무리 공부도 중요하지만 마지막 일주일은 건강관리에도 신경 써야 한다. 특히 기상 시간과 장 관리는 당일 컨디션과 직결되기 때문에 주의해야 한다. 일주일 전이면 시험 장소가 다 나와 있을 것이다. 몇 시에 일어나야 하는지 일주일 전부터 계산하자. 그리고 일주일은 그 시간에 맞춰 일어나는 것이 좋다. 뇌도 깨려면 시간이 필요하다. 모의고사 또한 마찬가지이다. 일찍 도서관, 독서실 등에 도착했더라도 모의시험을 바로 보지 말자. 10시 땡 하면 실제 시험과 똑같이 모의고사를 보길 바란다.

이때는 손목시계도 꼭 차고 시험을 보자. 보통 수험생은 스톱워치에 익숙해져 있기 때문에 손목시계는 조금 낯설 수 있다. 몇 시에 어느 정도 해야 하는지 감이 잡혀야 한다. 시험장에서도 똑같이 행동하게 된다. 시험장까지 스톱워치를 가져가는 수험생이 있는데 웬만하면 추천하고 싶지 않다. 책상이 작기 때문에 스톱워치 하나로도 정신이 많이 분산되기 때문이다. 또한 만약 허락해주지 않는다면 매우 당황할 수도 있다. 변수를 줄이는 것도 실력이다. 당일에 흐트러질 여지를 최대한 줄이자. 어쨌든 당일 모의고사는 OMR 기록까지 100분을 초과하는 일 없이 완벽히 똑같이 수행했으면 좋겠다.

시간과 마찬가지로 식단 조절도 필요하다. 시험이 다가올수록 예민함이 극에 달할 것이다. 장은 스트레스에 민감하기 때문에 이때가 되면 부드러운 음식만 먹는 것이 좋다. 자극적인 음식은 장에도 안 좋고 정신에도 안 좋기 때문에 잠시 멀리해두자.

마지막은 마음가짐이다. 피하지 말자. 막연한 불안감일 뿐이다. 지금 다른 사람의 상황도 그리 다르지 않다. 100퍼센트 완벽히 공부한 사람은 없다. 물론 극상위권이 있을 수 있으나 그들은 경쟁자가 아니다. 그런 사람들과 본인을 비교하며 '이번 시험은 망했다. 다음을 노리자'는 마인드를 갖지 말자. 백 퍼센트 장담컨대 그렇게 시험을 보고 오면 '아, 마지막에 조금만 더 힘내볼걸'이라는 생각에 더 괴로워질 것이다. 시험 전에 괴로운 것이 낫다. 사실 공부를 많이 하든 적게 하든 시험 전은 어차피 괴롭다. 이왕 괴로울 거 할 건 다 하고 괴롭자. 절대로 피하지 말자.

합/불을 가르는
당일의 마음가짐

다음은 정말 중요한 당일 마음가짐이다. 극상위권을 제외하면 수험생 중 그 누구도 자신의 합격을 자신할 수 없다. 나는 마인드 컨트롤에 실패해 몇 번 떨어진 적이 있다. 돌이켜 생각해봐도 아쉬움이 많이 남는다. 이 책을 읽는 사람들은 당일 마인드 컨트롤에 성공하길 바라며 효과를 본 것들을 써 보겠다.

1. 이미지 트레이닝

이미지 트레이닝은 시험 전 날 해야 하는 과정이다. 눈을 감고 다음 날 하루가 어떻게 진행될지 그려보자. 아침 몇 시에 일어날 것인지, 어떤 옷을 입을 것인지, 몇 시에 집에서 출발할 것인지 등등 세세하게 하루를 그려 보자. 인간은 상상과 현실을 잘 구분하지 못한다고 한다. 세세하게 상상할수록 좋다. 그것이 현실이라 착각하기 때문에 다음 날 같은 행동을 하면 긴장감이 훨씬 덜할 것이다. 시험장 안에서 일어날 일도 세세하게 상상하자. 특히 모르는 문제가 나왔을 때를 꼭 상상해보자. 아무리 공부해도 모르는 문제는 반드시 존재한다. 모르는 문제를 보고 당황하지 않는 법을 연습하는 것은 매우 중요하다. 나는 모르는 문제가 연달아 나올 수 있다고 계속 이미지 트레이닝을 했었다. 실제로 2018년 한국사는(나는 한국사를 맨 처음으로 풀었다) 손에 꼽을 만큼 어려웠지만 나는 당황하지 않고 쭉쭉 넘어갈 수 있었다. 첫 바퀴를 돌았을 때 20문제 중 12개 문제에 별표를 친 일이 아직도 생생하게 기억난다. 만약 이미지 트레이닝을 하지 않았다면 소위 말해 멘탈이 터지고 말았을 것이다.

2. 다 맞을 필요 없다

절대로 절대로 다 맞을 필요 없다. 남들 맞는 것 다 맞고 거기에 한두 개 정도만 더 맞으면 합격이다. 공무원 시험에서 가장 위험한 사람이 완벽주의자다. 공부할 때도 문제지만 문제를 풀 때도 마찬가지다. 특히나 시험장에서 평소와 다른 무언가를 시도하지 말자. 시험을 모의고사처럼 풀라는 말이 괜히 있는 것이 아니다. 이것만 읽었을 때는 '당연한 거 아냐?'라고 생각할지 모르지만 시험장에 가면 긴장감과 불안감 때문에 순간적으로 잘못 판단할 수 있다. 헷갈리는 그 문제, 틀려도 합격이다. 괜찮다. 맞힐 것만 제대로 맞힌다면 헷갈리는 문제 하나 틀려도 괜찮다. 불안감에 이상한 방식으로 문제를 풀려고 시도하지 말고, 다 맞

지 않아도 합격임을 인지하면서 풀어나가자

3. 1초도 포기하지 말자

내가 가장 후회하는 일 중 하나다. 이 책을 읽는 사람은 이런 실수를 하지 않기 바라는 마음으로 쓴다. 나중에도 말하겠지만 나는 1점 차로 세 번 밀어졌다. 세 번 다 시험 중간에 '이긴 떨어졌다'라고 생각하며 끝으로 갈수록 최선을 다하지 못했다. 시험이 끝나고 채점하다가 정말 후회를 많이 했다. 특히나 한 시험은 한국사 한 문제의 마킹을 잘못했다. 시험 종료 4분 전에 발견했기에 답안지 교체를 못 했다(수정테이프가 허용되지 않는 시험이었다). 그때 조금 더 성의껏 시험을 봤다면 1년은 단축할 수 있었을 것이다. 그 아쉬움은 지금까지 그대로 남아 있다. 본인이 지금까지 할 만큼 했다면 당일에는 밑도 끝도 없는 자신감을 가질 필요가 있다. 시험 전 날도, 시험 당일도, 시험을 보는 시간에도, 1초도 포기하지 말자. 최선을 다한다면 후회는 없을 것이다.

4. 할 만큼 했다

읽으면서 느꼈겠지만 사실 맥락은 비슷하다. 가장 중요한 것은 '할 만큼 했다'는 마음가짐이다. 할 만큼 했으니 한 만큼만 맞고 오면 된다. 불안해할 것 없다. 물론 당연히 불안하겠지만 불안감이 해결해 줄 수 있는 것은 아무것도 없다. 최선을 다한 뒤 하늘에 맡기는 것이 가장 좋다. 불안해지면 생각하자. '나는 할 만큼 했다.'

사람마다 공부 방법은 다르고 다양하다. 다른 사람의 방법을 참고할 수는 있어도 곧이곧대로 그것을 따라 해서는 안 된다. 남들 것을 참고해 나의 것으로 만들어야 한다. 그 과정이 없다면 남의 방법을 따라 하는 것은 쓸데없다고 해도 과언이 아니다.

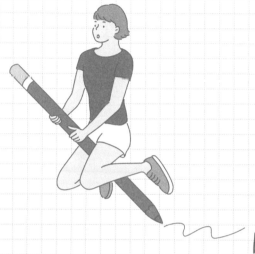

Part 4

시행착오:
타산지석他山之石

기출문제만?

다음은 내가 저지른 시행착오를 이야기를 해보고자 한다. 이 글을 읽는 사람은 나와 같은 시행착오를 피했으면 좋겠다. 시행착오만 피해도 수험 기간은 절반으로 줄 것이다.

많이들 궁금해할 것 같다. 기출문제'만' 꼼꼼히 분석하면 합격하는지?

나는 30퍼센트만 맞는다고 생각한다. 이렇게 생각하는 첫 번째 이유는 인사혁신처의 입장 때문이다. 다음은 인사혁신처가 올해 초 발표한 내용이다.

"공무원 시험은 자격시험이 아니라 선발시험이다. 따라서 변별력이 있어야 한다. 일반적인 문제를 내면 동점자가 많아 뽑을 수가 없다. 다만 출제위원에게 너무 지엽적이거나 단순 암기식의 문제는 지양해 줄

것을 당부하고 있다는 점을 알아 달라. 최근 출제된 기출문제나 학원문제도 가급적 피한다. 시험 관리자도 고충이 많다."

나도 보고 많이 당황한 기억이 난다. 하지만 슬프게도 출제자가 갑이다. 우리는 시험 방향에 맞출 수밖에 없다.

두 번째 이유는 첫 번째 이유와 비슷한 맥락이다. 인사혁신처에서 단순 암기식의 문제를 지양하고 있기 때문이다. 암기식 문제는 본 것을 또 보고 또 봐도 괜찮다. 결국 암기이기 때문이다. 하지만 요즘 변별력을 높이는 문제는 '생각'하는 문제들이다. 국어 문학, 비문학, 영어 독해 등이 예가 되겠다. 뿐만 아니라 국어 문법도 암기식이 아닌 한 번 더 꼬아 낸 문제들이 늘어나고 있다. 이런 것을 빠르고 정확하게 풀려면 다양한 문제를 접해봐야 한다. 비슷한 유형의 다른 문제를 지속적으로 머리에 넣어주면서 오답 유형을 캐치해야 한다. 이것은 단순히 같은 문제를 여러 번 풀어서 해결될 일이 아니다. 소위 말해 '감'을 키우는 과정이라고 봐도 괜찮다.

세 번째 이유는 상향평준화 때문이다. 갈수록 심해지는 취업난에 공시로 몰리는 사람이 늘어난 것은 기정사실이다. 문제는 자꾸 유입되는 사람이 왕년에 공부깨나 한 사람들이란 것이다. 기출문제만 보고 합격하는 사람은 이런 사람들이다. 30퍼센트만 맞는다고 한 이유도 이들을 감안했기 때문이다. 원래 공부를 잘하던 사람들은 기출문제만 봐도 문제가 어떻게 구성되는지 안다. 앞으로 공부를 어떤 방식으로 해야 하는

지도 안다. 게다가 이들은 이미 문제를 수도 없이 많이 풀어본 사람들이다. 소위 말해 공부 짬밥이 어마어마하다. 이런 사람들은 어려서부터 객관식에 대한 감이 있기 때문에 '기출 + 문제 푸는 센스'만 가지고 단기 합격이 가능하다. 본인이 여기에 속하지 않는다면 다양한 새로운 문제를 접해봐야 한다.

네 번째 이유는 오래 공부한 사람들 때문이다. 이 사람들에게 기출문제는 기본값이다. 이미 많이 봤다. 기출문제는 지겹기 때문에 다른 문제를 계속 찾을 테고 그러다 보면 어느 날 붙는다. 양이 질을 만들었기 때문이다. 문제는 이런 사람들이 너무 많다. 본인이 세 번째, 네 번째 이유에 속하는 사람이 아니라면 기출문제만 잡고 있는 것이 현명한 방법인지 다시 생각해보자.

물론 기출문제는 당연히 중요하다. 기출은 공부 방향을 잡아주는 가장 중요한 도구이기 때문이다. 내 말을 잘못 해석해서 기출을 제대로 소화하지도 못했는데 새로운 문제를 접하는 일은 없었으면 한다. 하지만 기출'만' 보고 합격했다는 말을 철석같이 믿고 5회독, 10회독씩 하는 일도 없어야 할 것이다. 나 또한 2017 국가직(재시 첫 시험)까지는 기출만 봐도 충분할 것이라고 생각해 몇 번씩 반복해 봤다. 하지만 새로운 문제에 적용이 안 된다면 모두 쓸모없는 짓이다. 결국 20점 차로 낙방했고 후에 두 달 동안 새로운 문제를 계속 접한 후 합격선과 가까워졌다. 공무원 시험은 객관식 시험이다. 문제 풀이의 중요성을 잊지 말자.

나만의 길

이번에는 내가 저지른 두 번째 시행착오를 이야기해 보고자 한다. 초시생 때 나는 커리큘럼과 남들 공부에 매우 신경 썼었다. 그게 그렇게 나 독이 될 줄 모르고 말이다. 사람마다 공부 방법은 다르고 다양하다. 다른 사람의 방법을 참고할 수는 있어도 곧이곧대로 그것을 따라 해서는 안 된다. 남들 것을 참고해 나의 것으로 만들어야 한다. 그 과정이 없다면 남의 방법을 따라 하는 것은 쓸데없다고 해도 과언이 아니다. 어떻게 해야 조금 더 도움이 될지 자세히 설명해보도록 하겠다.

첫째로, 나와 상황이 비슷한 합격 수기를 찾자. 합격 수기를 보고 참고할 때는 무조건 높은 점수를 받은 수기를 보고 따라 하려고 시도해서는 안 된다. 높은 점수는 물론 좋지만, 그 사람이 원래 어느 정도의 베이스를 갖고 있었는지 공부는 어디서 했는지 등을 보고 자신과 비슷한 사람의 수기를 찾는 것이 가장 좋다. 평균 점수가 90이라 해서 무조건 좋은 수기는 아니다. 나와 맞아야 활용이 가능하다.

둘째로, 내가 가고 싶은 직렬의 합격 수기를 봐야 한다. 1부(나의 직렬은?: 시험별 특징)에서도 말했지만 직렬별로 시험 유형이 조금씩 다르다. 본인이 만약 국가직의 직렬을 원한다면 국가직 합격자의 수기를 찾는 게 맞다. 서울시를 원한다면 서울시 합격자의 수기를 찾는 쪽이 맞다. 아직 어디를 갈지 모르겠다면 3관왕의 수기를 찾는 것이 맞다. 점수보다 직렬을 우선 선택해서 수기를 찾자. 공무원 시험은 5과목을 한 번에 푸는 시험이기 때문에 각 과목별 점수보다 난도가 다른 각 시험별 점수가 더 중요하다.

셋째로, 수험생의 조언보다 합격생의 조언을 듣자. 물론 수험생 중에서도 훌륭한 사람이 많다. 시험 자체가 상향평준화 되며 공부의 신이 많아진 것도 사실이다. 하지만 그럼에도 수험생의 조언은 조심해서 들어야 하는 것은 어쩔 수 없다. 그들도 시행착오를 겪고 있는 중이기 때문이다. 그것이 옳은 방법인지는 붙기 전까지 아무도 모른다. 이미 다 겪고 합격까지 한 합격생의 조언을 참고하자. 그냥 읽으면 당연한 것 같지만 특히 커뮤니티를 하는 수험생들을 위해서 하는 말이다. 공시생 커뮤니티에서는 공시생의 말에 노출될 수밖에 없기 때문이다. 정보를 얻는 차원에서는 괜찮지만 무작정 괜찮아 보인다고 따라 하는 것은 지양해야 한다.

넷째로, 연차마다 공부법은 달라야 한다. 초시생 때는 시간이 없다. 이론에 비중을 두고 주요 개념을 중심으로 나머지는 소거해야 한다. 하지만 재시 이상부터는 문제 풀이에 훨씬 더 중점을 두어야 한다. 이러한 사실을 간과한 채 무조건 좋다고 하는 공부법에만 매달려서는 안 된다. 특히 재시 이상부터는 개념에만 매달리는 공부법은 피하자. 사람마다 다를 수 있지만 변해가는 시험에 맞춰야 한다. 다양한 문제 풀이가 중요하다.

다섯째로, 커리큘럼은 권장 커리큘럼일 뿐이다. 커리큘럼에 목매지 말자. 남들 한다고 따라 할 필요 없다. 커리큘럼이 확실하다면 다 붙어야지 왜 대부분 떨어지겠는가. 자신만의 방법을 찾지 못하고 커리큘럼, 남들 공부에 신경 써서 그렇다. 요새는 치밀한 광고도 많아서 더더욱 그렇다. 남들이 어떤 것이 좋다고 할 때는 정말 이 공부가 나한테 필요한 것인지 하루 이틀 정도는 생각한 뒤 시작하자. 설령 그게 광고였다 해도 충분히 생각한 후 시작하면 좋은 선택이 될 수 있기 때문이다.

마지막으로, 결국 내 공부다. 줏대를 가지자. 남들이 이렇다 저렇다 하는 말에 휘둘릴 필요 없다. 그들이 내 합격을 보장해 주지 못한다. 설령 나를 위해 그런 말을 했다고 해도 내가 떨어지면 돌이킬 수 없다. 누굴 탓할 수도 없다. 선생님 또한 마찬가지이다. 그들은 내 합격을 보장해 줄 수 없다. 공부할 때는 냉철함이 필요하다. 이것이 내게 도움이 될는지 항상 비판적인 시각을 갖고 봐야 한다. 살아남기 위함이다. 절대 휘둘리지 말고 옆도 보지 말자. 옆은 원하는 정보가 필요할 때만 가끔 보자. 나머지는 앞만 보고 달리자. 앞을 보고 달려야 넘어지지 않는다. 옆을 보고 달리면 넘어질 수밖에 없다는 점을 명심하고 공부하자.

소신지원

    다음은 지원에 대한 이야기를 해보고자 한다. 매년 12월 31일 ~ 1월 2일에 국가직 직렬별 인원수를 발표한다. 첫 시험이라 많이들 동요할 것이다. 나 또한 그랬다. 하루 정도는 괜찮지만 그 이상 휘둘려서는 안 된다. 난 지원에 여러 번 실패해보았다. 일단 붙고 싶다는 생각에 머리를 굴리고 굴렸지만 결국 그렇게 지원한 것들은 다 만족스러운 결과를 내지 못했다. 시험이 다 끝나고 나서야 이유를 알 것 같았다. 결론적으로는 소신지원을 해야 한다. 그래야만 한다. 이 글을 읽는 사람은 분명 '넌 합격했으니까 그렇게 말하는 거겠지'라고 생각할 것이다. 나도 그랬다. 소신지원 하라는 합격생들의 말이 배부른 소리처럼 들리기만 했다. 그래서 제대로 읽지 않았던 것 같다. 하지만 그렇지 않다. 생각을 약간 바꾸면 답이 보일지 모른다. 그러니 이 글을 꼭 읽어보았으면 좋겠다.

소신지원을 하지 않았을 때는 경쟁률이 나오기 전까지 굉장히 불안하다. 소신지원을 하지 않은 메리트가 있어야 하기 때문이다. 혹시나 내가 원래 넣으려고 한 직렬보다 경쟁률이 높지는 않을까, 이 직렬 말고 더 낮은 데가 있으면 어쩌나, 이런 생각으로 계속 불안감이 커진다. 당연히 그 때문에 공부 시간도 빼앗긴다. 소신지원을 한다면 경쟁률을 각오한 상태이기 때문에 궁금하긴 해도 생각보다 크게 불안하지는 않다. 어차피 결과는 정해졌을 것이라는 생각이 먼저 들고 뒤이어 꼭 붙고 싶다는 일념으로 공부할 수 있게 된다.

경쟁률이 나온 후는 두 상황으로 나뉜다. 만약 원한 직렬보다 경쟁률이 낮다면 안도와 함께 마음이 풀어질 수밖에 없다. 붙을 것이란 자신이 생겨서인지 합격 후를 상상하지만 생각보다 그렇게 행복하지는 않다. 원래 가고 싶던 직렬이 있었기 때문이다. 그 때문에 지원한 직렬의 좋은 점을 찾아보고 합리화하는 시간이 필요하다. 이 또한 생각보다 공부의 흐름을 끊게 한다. 이래저래 공부의 원동력이 조금 떨어질 수밖에 없다.

더 최악의 경우는 경쟁률은 낮지만 합격선은 더 높은 경우다. 원동력을 잃어 최선을 다하지 않고 떨어졌다면 이보다 더 억울할 수 없다. 심지어 원래 가고 싶던 직렬에는 합격할 수 있는 점수라면 말이다. 반대로 원한 직렬보다 경쟁률이 높다면, 예상하겠지만 속에서 천불이 난다. '왜 그랬을까, 올해는 글렀다.' 별의별 생각이 다 나면서 눈물만 흐른다. 아직 결과는 뜨지도 않았는데 말이다.

소신지원을 하지 않았을 때의 가장 이상적인 결과는 사실 없다고 봐도 과언이 아니다. 사람은 참 간사한 존재인 것 같다. 지금은 붙고 싶은 마음뿐이지만 합격 후에는 그렇지 않다. 차선으로 선택한 그 직렬에서 30년을 일할 수 있을지 잘 생각해볼 시간이 필요하다. 평생직장이라는 말은 양면성을 가진 말이라고 생각한다. 달콤하나, 달콤하지 않다.

　마지막으로, 분명 올해 꼭 붙어야 하는 사람도 있을 것이다. 당장 생계가 급할 수도 있고, 무조건 취직해야 하는 상황일 수도 있고, 더 이상 공부를 못 하겠어서 일단 붙고 봐야 할 수도 있다. 당연하다. 어떻게 상황이 다 같겠는가. 게다가 누가 오래 공부하고 싶겠는가. 하지만 내 눈에 괜찮은 곳은 남들에게도 괜찮다. 내 눈에 커트라인이 내려갈 것 같으면 남들 눈에도 그렇게 보인다. 마지막에 쓰긴 했지만 사실 이것이 소신지원을 해야 하는 가장 큰 이유다. 나는 이런 식으로 머리를 쓰다가 세 번을 떨어졌다. 내가 원래 원한 직렬, 고민하던 직렬은 충분히 합격하고 남을 점수였는데 말이다. 그런 상황까지 생각하고 머리를 쓴다 해도 남들도 다 똑같다. 국가직이고 지방직이고 똑같다. 특히나 많이 뽑는다고 커트라인이 낮아지고 적게 뽑으면 커트라인이 높아진다? 절대 아니다. 공시에서는 통하지 않는 공식이다. 2015년 국가직 세무, 2018년 경기도 지방직 수원, 성남만 해도 큰 반증이 될 것이다. 반드시 명심하자. 이 시험에 붙고 보자 하는 사람이 얼마나 많겠는가. 다 본인처럼 생각한다. 다 비슷하다. 그러니 차라리 덜 억울하기라도 하자는 것이다. 붙은 후의 인생도 생각해야 하고 말이다. 꼭 소신 지원을 해서 나처럼 피를 보는 일이 없었으면 좋겠다.

어떻게 사람이 항상 긍정적이고 자존감이 높을 수 있을까. 그게 된다면 로봇이 아닐까? 시험을 보는 사람은 조금 예민해질 수도 있고, 조금 부정적일 수도 있고, 자존감도 또 좀 낮아질 수도 있다. 자연스러운 현상을 자존감이라는 틀에 가둬 자신을 또 채찍질하는 일이 없었으면 한다.

Part 5

'버티기'의 방법

받아들이기

    과목별 공부법과 계획, 마무리 등에 대한 이야기가 끝났다. 이제부터는 조금 다른 이야기를 해보고자 한다. 공무원 시험. 생각보다 정말 힘든 시험이다. 아니 누군가에겐 정말 쉬운 시험이기도 하다. 그 점이 우리를 미치게 한다. 왜 부모님 친구의 자식들은 그렇게도 잘났는지 모르겠다. 왜 내 동기에겐, 친구에겐, 친구의 친구에겐 공무원 시험이 쉬운 것인지 모르겠다. 6개월 합격, 1년 합격. 듣고 싶지 않은 남들의 수험 기간이 나를 괴롭혔다. 내가 열심히 하지 않았다면 받아들이기라도 할 텐데……. 비참하게도 난 열심히 했다. 이뿐이면 다행이다. SNS에 올라오는 잘사는 친구들 소식은 보기만 해도 눈물 나게 부러웠다. 나도 놀고 싶었다. 나도 이 공부라는 굴레에서 벗어나고 싶었다. 불안감 없이 사는 게 무슨 기분인지 기억조차 나지 않음에 다시 한 번 절망했다.

왜 신은 나한테 이렇게 가혹한 벌을 내리시는 걸까. 난 착하게 살아왔는데. 평범하게 살자고 시작한 시험이 내 인생을 평범하지 않게 만듦에 또 다시 절망했다. 수험 기간 내내 날 괴롭힌 생각들이다. 사실 당연한 것이다. 공무원 시험은 인생을 건 시험이다. 인생을 걸고 붙고 떨어지는 시험을 보는데 이 정도 생각은 당연할지도 모른다. 하지만 벗어나야 한다. 아니 벗어나야만 한다.

어떻게 하면 이런 생각들에서 벗어날 수 있을까? 첫 번째는 '내 선택임을 받아들이기'다. 생각해보자. 이 시험은 누구의 선택인가? 상황이 어찌됐든 결국은 나의 선택이다. 등 떠밀려 시작했든, 어쩔 수 없이 시작했든 그래도 좀 더 나은 직업을 선택하고 싶은 본인의 욕심이 있었을 것이다. 내 선택에 대한 책임을 지고 있는 것이다. 누군가를 원망할 필요 없다.

두 번째는 힘든 시험임을 받아들이는 것이다. 내 주위에 희한하게도 정말 단기 합격이 많았다. 나를 제외하고는 2년 이상 공부한 사람이 측근에는 없었다. 하지만 돌이켜 생각해보니 그들은 전부 학창 시절 열심히 공부한 사람들이다. 지금 그때의 보상을 받은 것뿐이었다. 합격하고 많은 사람들과 대화해보니 반대의 경우가 훨씬 많았다. 특히 나처럼 베이스가 아예 없는 경우라면 3년도 수두룩했다. 사실 붙고 나니 수험 기간은 관심 밖이다. 수험 기간을 줄여서들 말한다고 하는데 생각보다 그런 경우는 많지 않다. 다들 힘든 시험임을 알고 있기 때문이다. 수험 기간에 집착하고 남들과 비교하며 보낸 시간이 너무 아까웠고 과거의 내가 안쓰러웠다. 힘들고 오래 걸리는 시험이라는 것을 받아들이자. 그것에 감정을 소모하기에도 시간이 아깝다.

　세 번째는 공무원 시험은 잘 참는 사람을 뽑는 시험임을 받아들이자는 것이다. 공부하는 중에는 왜 이렇게 양이 방대한 것인지, 이 방대한 양을 100분에 100문제로 판가름 하는 것이 맞는 건지, 도저히 이해가 안 갔다. 하지만 시험이 끝나갈 때쯤 이해하게 되었다. 이 시험은 그냥 그런 사람을 뽑는 시험이다. 잘 참고 침착한 사람. 시험을 보면 어떤 사람을 원하는지 알 수 있다. 수능을 보라. 사고력을 요하는 문제들로 이루어져 있다. 이는 대학이 사고력이 좋은, 일명 똑똑한 사람을 원하기 때문이다. 만약 대학들이 암기를 잘하는 사람을 원했다면? 시험 양상은 달라질 수밖에 없다. 공무원 시험도 마찬가지이다. 원래부터 그냥 잘 참고 침착한 사람을 원하는 것이다. 시험 문제가 공개로 바뀌면서 말이 많아져 약간씩 수능화되어 가고는 있지만 큰 틀을 벗어나지는 못한다. 국가직, 지방직, 서울시 문제가 약간씩 다른 것도 이를 반영하고 있는 것이다. 다른 예로 공무원 시험은 그래도 언젠가는 합격한다는 소리를 들어봤을 것이다. 정말 똑똑한 사람만을 원했다면 성립될 수 없는 말이다. 취업난에 공무원 시험으로 많은 사람이 모여 상향평준화가 되었을 뿐이다. 그러니 그냥 받아들이고 공부하자.

내가 할 수 있을까?

다음은 본인이 할 수 있을까 계속 의심하는 사람을 위한 파트다. 나는 학창시절 언어 과목을 매우 싫어하던 이과생이었다. 좋아하는 수학, 과학만 공부했고 싫어하는 국어, 영어 등은 거들떠도 안 봤었다. 수능 공부만 안 했으면 모를까 내신조차 놔버렸었기에 그냥 공부해 본 적이 아예 없었다고 봐도 과언이 아니다. 이런 내 점수 변화를 예로 들어 하고 싶은 이야기들을 해 보겠다.

1. 1년 차 첫 시험(2016년 국가직)

전과목 원점수 60점으로 환산 점수 297.19점이었다. 그나마 과학 조정 점수가 폭등해 290 후반대가 나온 것이다. 보통 전과목 원점수가 60이면

280 중반대가 나온다. 정말 처참한 점수다. 지금 생각해보면 다시 도전할 마음을 먹은 것도 신기하다.

2. 2년 차(2017년도에는 하반기 시험까지 총 5번의 시험이 있었다)

⑴ 상반기 국가직: 필기컷과 정확히 20점이 차이 났다.

⑵ 지방교행, 서울시, 하반기 지방직: 전부 1점 내외로 떨어졌다.

⑶ 서울시는 한국사 마킹을 하나 잘못 했다.

2년 차에는 할 이야기가 많다. 열심히 공부했다고 생각했으나 4월 국가직 전에 문제 풀이 순서 전략을 세우지 못했다. 선택과목부터 풀고 공통으로 넘어갔는데 그게 나와 맞지 않은 것 같다. 시험 내내 우왕좌왕하다 끝이 났다. 결과는 필기컷과 20점이나 차이가 났다. 높은 직렬이 아님을 생각하면 정말 낮은 점수다. 6월에는 같은 실수를 반복하지 않으려고 100분 모의고사를 반복하며 약점을 메워갔다. 하지만 불안감이 계속 커져갔다. 두 달이 너무 짧다고 느껴졌고, 특히 4월에 영어 독해를 많이 틀렸기 때문이다. 하지만 내 생각이 틀렸다. 두 달은 굉장히 길었고 그동안 무너지지 않고 꾸준히 하는 사람이 많지 않았다. 두려움에 벌벌 떨며 본 지방교행 시험. 이번에도 20점은 차이 나겠다 생각하며 집에 돌아왔지만 결과는 1점 차였다. 당시 정확한 점수를 알 수 없어 합불이 조정으로 나뉘겠다고만 어렴풋이 생각했었다. 아쉬움과 당황스러움에 바로 다음 주에 치르는 서울시 시험에 집중이 안 되었다. 아니

불안감은 더 커져만 갔다. 게다가 100대1의 경쟁률은 자신이 없었다. 그렇게 본 서울시 시험. 시험 보는 내내 망했다는 생각뿐이었다. 어찌어찌 시험을 마무리하고 마지막 한국사 문제를 마킹하려는 순간 너무 놀라 뇌가 정지하는 기분이었다. 한 문제를 밀려서 마킹했기 때문이다. 처음에 워낙 긴장한 탓에 손을 떨다가 펜을 잠깐 내려놨었다. 아마 그때 헷갈려서 잘못 마킹한 것 같다. 남은 시간은 4분, 수정테이프가 금지된 시험이었다. 도박을 걸기에는 짧은 시간이었다. 사실 최소 10점 이상은 차이날 것이라고 생각했기에 그 한 문제로 갈릴 줄은 꿈에도 몰랐다. 이번에도 1점 차였다. 그렇게 2017년 상반기 시험이 끝이 났다. 좀 쉬고 싶었지만 하반기 시험 소식이 들려왔다. 확정은 안 되었지만 바로 공부를 시작해야 했다. 확정된 후 인원수가 나왔고 정말 붙고 싶다는 생각에 최대한 머리를 써서 지원했지만, 인원수와 경쟁률을 고려했을 때 최악의 시나리오가 눈앞에 펼쳐졌다(다시 한 번 소신지원을 강조하고 싶다). 하는 일마다 꼬이니 하늘이 공무원이 되지 말라고 말하는 것만 같았다. '될 리가 없겠지' 하고 생각하며 시험을 봤다. 결과는 또 1점 차 낙방이었다.

문제가 느껴지는가? 바로 조급함과 불안감, 부정적 마인드다. 사실 나는 시험을 준비하면서 조급하지 않고, 불안하지 않고, 긍정적일 수는 없다고 생각한다. 하지만 의식적으로라도 틈을 조금씩 주자. 계속 꾸준히 한다면 나와 맞는 시험이 하나는 분명히 나온다. 이 지루함은 언젠가는 끝이 난다. 그것만 믿는다면 나처럼 심하게 조급해하고 불안해하지 않게 될 것이다. 이번에 안 된다면 다음에 되면 된다. 아직 그만둘 수 있는 용기가 있다면 그만두면 된다. 지금 안 되더라도 분명히 길은 있다. 세상 다 끝난 것처럼 생각하지 말자. 이 시험이 아니더라도 살아 갈 방법은 분명히 있고, 이 시험밖에 답이 없다고 생각되면 계속 도전 하면 된다. 말이 쉽지 당연히 힘들다는 것을 안다. 그렇지만 조금씩 숨 도 쉬고 틈도 주면서 공부하자. 분명히 길은 있다.

3. 3년 차(2018년 국가직, 지방직, 서울시 3관왕)

마음이 너덜너덜해진 후 3년 차가 됐고, 난 노량진을 떠나 집으로 왔 다. 이번에는 노래도 부르면서 공부하고 쉴 때는 유튜브도 봤다. 마음 에 안정이 생기기 시작하니 시험이 꽤 두렵지 않아졌다. 그렇게 국가직 을 시작으로 연달아 좋은 결과를 접하게 되었다. 그렇게 긴 시간이 끝 났다.

주변의 합격과
외로움

　2016년 말부터 나 포함 6명이 함께 오프라인 스터디를 9개월 정도 했다. 2017년 상반기에 5명 합격, 나만 불합격했다. 후에 들어간 스터디에선 2017년 하반기에 나 빼고 전원 합격했다. 외로움을 피하고 싶어 들어간 오프라인 스터디였지만 결과는 참담했다.

　공시생이 된 후 친구들을 피하게 됐다. 물론 공부를 하려고 그런 점도 있지만 나의 힘듦을 털어놓아도 같은 입장이 아니기에 공감하기 힘들 것이라는 걸 알고 있었기 때문이다. 나를 위해서도, 친구들을 위해서도 공부 기간에는 멀어지는 것이 맞는 일이라고 생각했다. 하지만 외로웠다. 말할 누군가가 필요했다. 그래서 찾은 것이 오프라인 스터디였다. 스터디원은 공부하면서 적당히 죄책감 없이 말할 수 있는 내 유일한 친구들이 되었다. 내 불합격도 상상할 수 없었지만 나를 제외한 전원 합격은 더더욱 상상할 수 없는 결과였다. 시험이 끝난 뒤 그 공허함은 이루 말할 수 없었다. 세상에 혼자 남겨진 기분이었다.

공부는 외롭게 하는 것이 맞다. 그 누구도 내 합격을 보장해 줄 수 없다. 웃으면서 축하해 줄 수도 없다. 그런 나를 보며 다시 한 번 자괴감에 빠졌다. 분명히 같이 합격하길 바란 친구들인데 진심으로 축하한다는 말이 나오지 않았다. 옹졸한 내 자신이 너무 싫었다. 그렇게 한창 힘들 당시 지인이 나에게 해준 말이 있다. "공부를 하다 보면 사람에게는 책상만큼의 세상만 보인다." 맞는 말이다. 합격만을 위해 긴 시간을 투자하고 있는 중이다. 이런 상황에서 성인군자가 아니고서야 누가 남의 합격만을 축하해줄 수 있겠는가. 자책할 필요 없다. 자책하며 힘들어하던 과거의 내가 안쓰러웠다. 그냥 나는 내 합격만을 위해 다시 달리면 된다. 너그러워질 수 없음을 인정하자.

그리고 꼭 해주고 싶은 말이 있다. 이 파트를 진지하게 읽고 있다면 이런 일로 마음을 쓰고 있을 확률이 크다고 생각한다. 그냥 1년 늦은 것뿐이다. 지금은 합격이란 것이 멀리 느껴지겠지만 합격하면 그냥 다 똑같은 공무원이다. 본인도 그럴 날이 머지않았다. 절대 자신을 낮추지 말고 초조해하지 말자. 물론 힘든 1년이 될 것이다. 당연하다. 본인의 욕구를 모두 누르고 책상 앞에만 앉는다는 건 정말 괴로운 일이기 때문이다. 하지만 다시 말하지만 이 시험은 그런 사람을 뽑는 시험이다.

잘 알아보고 시작했다면 다행이지만, 생각보다 공무원이 무슨 일을 하는지 모르고 그냥 무작정 공부하고 있는 사람들이 많다. 공무원은 근로자가 아닌 봉사자다. 생각하는 것보다 더 힘든 일을 하게 될지 모른다. 사회적으로는 어느 정도 인정받는 직업이지만 일을 하고 있는 동안에는 장담할 수 없다. 민원인에게는 잘 참고 상사분의 말은 잘 들어야 한다. 그렇게 못 한다면 견딜 수 없는 직업이다. 본인이 참고 감내하고 인내해온 순간들이, 그 1년이, 나중에 빛을 발할 거라 감히 말한다. 실제로 내 주위에는 단기 합격이 많은데 그만큼 그만둔 사람들도 꽤 많다. 본인이 상상하던 공무원이 아니었기 때문이다. 아예 다른 길로 가는 사람도 있고 다른 직렬로 다시 시험을 보는 사람도 있다. 비율은 반반 정도다. 자신의 인생은 자신이 선택하는 것이다. 이 길이 아니면 빠르게 다른 길을 알아보는 게 당연하다. 이들을 비난하는 것이 아니다. 하지만 뽑는 사람 입장은 다를 것이다. 공무원이라는 직업 특성상 더 잘 참고, 더 말 잘 듣는 사람을 뽑고 싶은 것은 어찌 보면 매우 당연하다. 훈련이라고 생각하자. 내가 남들보다 늦는다는 생각이 들어 힘들다면 생각하자. 나는 지금 공무원이 되기 위해 훈련하는 중이다.

불안감:
필연(必然)

　다음은 불안감에 대한 이야기를 해보겠다. 시험과 떼려야 뗄 수 없는 것이 불안감이다. 인생을 건 시험에서 불안감이 느껴지지 않는 사람이 얼마나 되겠나. 앞에서도 말했지만 이 시험을 준비하면서 안 불안할 수는 없다. 불안감이 필연이라는 것을 받아들이자. 불안하다 해서 지나치게 스트레스를 받을 필요가 없다는 뜻이다. 나는 불안감을 받아들이지 못해 많이 힘들어했다. 그냥 넘어가는 성격이면 좋았을 테지만 불안감 탓에 또 불안해져 힘들어하던 기억이 난다. 가장 힘든 것은 숨이 잘 안 쉬어지는 것이었다. 공부를 하다가 의식적으로 심호흡을 해주지 않으면 호흡이 가빠져서 힘들었다. 그 다음으로 날 괴롭힌 것은 심장의 통증이었다. 특히나 아침에 심장이 아파서 울면서 깬 적이 많았다. 차도 마셔보고 명상도 해봤지만 큰 효과는 없었다. 그래서 이것저것 시도해본 결과 가장 좋은 해결책은 '미친 듯이 공부하기'라는 것을 깨달았다. 공부한다고 불안감이 해소될까 생각하겠지만, 해소된다. 불안감을 느끼는 이유는 본인의 합격에 확신이 없기 때문이다. 그래서 적당히 공부했을 때가 가장 불안하다. 완전히 공부를 잘하거나 아예 제대로 공부를 안 하면 불안하지 않다. 전자는 합격에 확신이 있기 때문에 불안하지 않고 후자는 아예 합격할 것이란 생각이 안 들기 때문에 불안하지 않다. 자, 그럼 생각을 바꿔 보자. 불안한 이유는 공부를 했기 때문이다. 내가 제대로 공부하지 않았다면 느낄 수 없는 감정이다. 그리고 자신에게 물어보자. 불안감만 있을까? 아니다 사실 불안감과 동반된 기대감 또한 있을 것이다. 이것은 공부한 자만 느낄 수 있는 특권이다. 불안감에 갇혀 기대감을 즐길 틈도 없었던 것은 아닌지 생각해 보자. '5부 내가 할 수 있을까?'에서도 말했지만 본인에게 숨 쉴 틈을 주는 것은 정말 중요하다. 나 자신을 너무 채찍질할 필요 없다. 나는 나를 몰아붙이면서, 채찍질해야 제대로 공부하고 있다고 생각했었다. 합격한 후 가장 후회되는 행동이 이것이다. 좀 더 나은 삶을 살자고 선택한 길인데 나를 갉아먹는 행동은 이에 반하는 것이 아니었을까? 아니면 자기연민에 빠진 이 상황에서 나오고 싶지 않은 것은 아닐까? 한 번쯤 생각해 봐야 할 것 같다.

다시 돌아가서, 나는 불안감을 줄일 수 있는 방법으로 미친 듯이 공부하기를 추천한다. 일단은 막연히 생기는 겁을 없애야 한다. 나만 모른다는 생각부터 깨자. 내가 모르면 남들도 모른다. 이것을 실감해야 한다. 동형모의고사를 풀면 문제마다 정답률을 알려준다. 어려웠던 문제의 정답률을 확인해 보자. 대부분 내가 어려워한 문제는 정답률이 낮을 것이다. 만약 정답률이 높은데 틀렸으면 '감사합니다' 하고 약점 체크를 하면 된다. 이 과정이 반복되면 막연히 겁이 나는 현상이 훨씬 덜해질 것이다.

내 이야기로 마무리하자면, 내 나름대로 힘든 2017년을 보내고 2018년부터는 동네 독서실에서 혼자 공부했다. 아이러니하게도 이때 갑자기 실력이 확 상승한 것이 느껴졌다. 어떤 동형을 풀어도 일정 이상 점수가 나오는 것을 보고 불안감이 사그라지기 시작한 것 같다. 내가 어렵다고 느낀 문제가 남들에게도 어렵다는 것을 실감하니 자신감이 붙고 불안감이 내려갔다. 열심히 하면 나중에는 다 비슷하다. 그 비슷한 사람들끼리 합격권에서 싸우는 것이다. 모른다고 겁낼 필요 없다. 그러니 그냥 미친 듯이 하자. 인생에 공부는 다시 없다는 생각이 들 정도로 하자. 책만 봐도 토할 것 같은 기분이 들 때까지 하자. 그렇게 하면 언젠가 끝나는 싸움이다. 그것을 알고 계속 전진한다면 불안감이 줄어들 것이라고 감히 말한다.

자존감:
나는 나, 너는 너

　자존감. 불안감과 같은 맥락이다. 자존감이 떨어지는 현상 또한 시험과 뗄 수 없는 부분이다. 대부분 자신을 남들과 비교할 때 자존감이 떨어졌다고 느낀다. 나 또한 그랬다. 공시에 빨리 붙은 친구들, 좋은 직장에 입사한 친구들을 보며 계속 나와 비교했다. 하지만 말이 쉽지 공부하는 입장에서 남과 비교하지 말라는 건 꽤나 어려운 요구다. 비교하지 않는 것도 자존감을 높이는 것도 다 연습이 필요하다. 그냥 거울을 보고 '나를 사랑하자'고 되뇌는 것은 그다지 도움이 되지 않는다. 그럼 어떤 것이 도움이 될까.

　첫 번째로는 SNS를 끊자. 괜찮다면 카톡도 탈퇴하자. 힘들 때는 잠시 주변에 벽을 세우는 것도 괜찮다. 보고 싶은 것만 보자. 나만 보고 나만 생각하자. 처음에는 심심하고 지루하겠지만 금방 익숙해진다. 다 끝나고 나서 세상 이야기를 들어도 된다. 그때는 어떤 이야기를 듣든 마음의 여유를 갖고 들을 수 있다. 지금은 나를 위해 잠깐 멀어지는 것이 좋다. 잠시만 나만의 인생을 살자. 사실 누구의 인생이라도 가까이에서 보면 비극이다. 보여주기 식 인생에 현혹될 필요 없다.

　두 번째로는 나를 위한 요리를 해 보자. 내가 먹을 음식을 정성스럽게 만들다 보면 스스로 귀한 대접을 받는 느낌이 든다고 한다. 나는 공부하느라 매일 제대로 된 음식을 못 먹고 있자니 스스로 초라해지는 느낌이 강하게 들었다. 마침 SNS도 끊고 카톡도 탈퇴해 할 일이 없는 상태라 요리를 시작해보았는데, 나도 무언가를 할 수 있다는 느낌이 들어 굉장히 좋았다. 일요일 하루는 쉬어야 한다는 강박이 있었는데 잠만 자던 생활에서 탈피해 무기력하지 않아서 좋았던 것도 한몫했다.

　세 번째로는 감사하기다. 사실 시작하기 전까지는 이런 게 진짜 도움이 되나 싶었는데 세상을 보는 눈을 다르게 만들어 준다. 나는 아주 사소한 감사도 많이 했다. 사지 멀쩡하게 태어나 내 발로 걸어 다닐 수 있는 것, 발 뻗고 잠들 수 있는 집이 있다는 것, 무작정 전화할 수 있는 친구가 있다는 것 등 사실 별 것 아니지만 감사하다고 느끼는 것들을 썼다. 거창할 필요 없다. 아주 간단한 것이라도 충분하다. 하루에 하나씩이라도 적어 보자. 하루하루 달라지는 기분을 느낄 것이다. 여기서 주의해야 할 점이 있다. 바로 남과 비교하며 내가 더 우월하다 느끼는 것만은 지양해야 한다. 우월은 열등의 또 다른 이름이다. 우월감을 느낀다는 것은 열등감을 느낀다는 것을 증명할 뿐이다. 우월감으로 자존감을 덮으려고 하는 것은 자신을 속이는 짓이다. 오래가지도 못 한다. 얼마 가지 않아 초라한 자기 자신을 발견하게 될 것이다. 그냥 온전히 내 자신만을 생각하자.

마지막으로, 자존감에 얽매이지 말자. 지금까지 자존감에 관한 이야기를 썼으면서 왜 이렇게 이야기하나 싶을 것이다. 위의 방법이 분명 자존감을 높이는 데 도움이 되기는 할 것이다. 하지만 자존감은 기분과도 같은 것이다. 어쩔 때는 높아지고 또 어쩔 때는 낮아진다. 좀 낮을 수도 있다. 사실, 낮으면 좀 어떤가. 자존감을 인식하면서, 자존감이 낮은 자신을 받아들이지 못하는 것도 문제라고 생각한다. 어떻게 사람이 항상 긍정적이고 자존감이 높을 수 있을까. 그게 된다면 로봇이 아닐까? 시험을 보는 사람은 조금 예민해질 수도 있고, 조금 부정적일 수도 있고, 자존감도 또 좀 낮아질 수도 있다. 자연스러운 현상을 자존감이라는 틀에 가둬 자신을 또 채찍질하는 일이 없었으면 한다.

Q: 시험장에서 영어 독해하실 때 전부 다 읽고 해석하셨나요? 아님 처음 조금, 마지막조금, 이런 식으로 하셨나요?

A: 저는 처음 조금 마지막 조금 읽고 답을 2개 정도로 줄인 다음에 가운데를 빠르게 스캔하고 하나로 좁혀갔습니다.

Part 6

실제 공시생과의
QnA

이런 게 궁금해요!
– 공부 방법

　다음은 내가 인터넷 카페에 올린 합격 수기에 달린 댓글 중 함께 보면 도움이 될 만한 질문을 추려서 정리해 본 것이다. 본인이 궁금해하던 것과 비슷한 질문이 있다면 잘 보고 정보를 얻어가도록 하자.

　Q: 국어 문법을 할 때 기출 회독을 늘리는 게 좋을까요, 여러 문제를 다 풀어 보는 게 좋을까요?

　A: 기출 회독 충분히 하시기 전까지는 여러 문제 안 푸는 게 좋습니다. 기출이 어느 정도 됐다고 생각되시면 딴 문제 많이 풀어주세요.

　Q: 시험장에서 영어 독해하실 때 전부 다 읽고 해석하셨나요? 아님 처음 조금, 마지막조금, 이런 식으로 하셨나요?

A: 저는 처음 조금 마지막 조금 읽고 답을 2개 정도로 줄인 다음에 가운데를 빠르게 스캔하고 하나로 좁혀갔습니다.

Q: 구문 질문 있어요! 계속 보다 보면 절로 보이는 짧은 문장은 점차 조금씩 거르고 긴 문장 위주로 보는 쪽으로 가면 될까요? 아니면 아무리 눈에 익은 짧은 문장이라도 소홀히 하면 안 되는 건가요?
A: 짧은 문장은 좀 거르고 길고 어려운 문장 위주로 계속해서 보시기를 추천 드립니다.

Q: 가면 갈수록 문법 말고 독해가 안 되는 느낌이고 뭔가 체계가 덜 잡혀 있는 느낌인데, 그러다 보니 끊어도 해석이 잘 안되고 약간 겉핥기식으로 하는 거 같아요. 이런 경우엔 구문 강의를 들어서 잡는 게 좋을까요?
A: 네, 논리가 아니라 해석 자체에 문제를 느끼신다면 구문을 추천합니다. 일단 해석이 자연스럽게 돼야 논리를 얹기 쉬워요.

Q: 혹시 영어 문법 공부하실 때 영문법 문제 위주 책만 보셨나요? 영문법 이론 책은 따로 필요 없을까요?
A: 이론 책 하나 필요합니다. 모르는 것은 계속 발췌독 해주셔야 해요. 저는 기본서는 처음에 한 번 쭉 듣고 후엔 '문제 풀이 위주 + 기본서 발췌독' 이런 식으로 했었습니다.

Q: 영어 끊어 읽기는 어디 어디에서 끊으시나요? 아직 어디서 끊는다는 개념이 확립되지 않아서 같은 문장인데 볼 때마다 끊는 위치가 다른 것 같아요.

A: 저는 크게는 동사 앞뒤로 보고 수식하는 것들 위주로 봤어요. 이건 답이 없는 것 같습니다. 크게 신경 쓰지 않으셔도 됩니다.

Q: 동형 문제 풀고 나서 해석 및 복습할 때 몇 분 정도 잡고 하셨나요?

A: 40분에서 1시간 정도 투자했습니다. 독해는 틀린 문제 선지 분석 정도만 하고 넘어갔고 어휘·어법·생영은 좀 꼼꼼히 보고 넘어갔습니다.

Q: 독해하실 때 직독직해 하셨나요? 아니라면 어떻게 하셨나요? 직독직해 하면 내용이나 의미가 머리에 안 들어오는데 직독직해 해야 해석이 빨라질까요? 아니면 뒷내용을 예상해서 해석해야 빨라지나요?

A: 처음 구문할 때 직독직해 하시면서 뒷내용 예상하기 자주 해주시면 구문이 보이면서 직독직해 할 필요가 없어지고 뒷내용이 예상되는 순간이 옵니다.

Q: 시험이 4개월밖에 안 남았는데 구문 시작해도 늦지 않을까요?

A: 네, 구문이 부족하면 시험장에서 다 무너질 수 있습니다. 4개월

전이면 전혀 늦지 않았습니다.

Q: 시험장에서 영어는 몇 번째로 푸셨고 시간은 얼마나 잡았나요? 모고 풀면 33~40분 정도 되는데 시간을 줄이는 게 너무 힘듭니다.

A: 3번째로 풀었고 30~35분 잡았습니다. 빨리 읽는다고 속도가 빨라지는 것이 아닙니다. 실력이 늘어야 속도가 붙습니다. 그냥 꾸준히 해주시면 됩니다.

Q: 제가 영어독해를 풀 때 계속 쭉 읽고 풀어요. 주제를 찾으려면 읽다가 어느 정도 멈추고 포인트를 찾고 보기를 읽어야 하는데 모든 문제를 다 읽고 풉니다. 괜찮을까요?

A: 네 괜찮습니다. 지금 읽다 멈추고, 답을 찾는다 해도 어차피 시험장에서는 불안해서 어느 정도 다 읽게 됩니다. 계속 문제 푸시다 보면 읽으라고 해도 안 읽게 되는 순간이 옵니다.

Q: 독해 문제를 풀고, 근거를 확인하려는데 근거가 답지에 없을 경우, 그냥 이거겠지 하고 넘어가셨나요?

A: 네, 최대한 답에 끼워 맞춰 '이게 근거겠지' 하고 넘어갔습니다. 너무 한 문제에 연연하지는 않았던 것 같습니다.

Q: 구문 해석할 때 5형식을 표시하면서 읽는 게 맞죠? 제가 그냥 구문도 눈으로 해석하고, 해석이 안 되면 답지 보고, 그러니 전혀

느는 기분이 안 드네요.

A: 처음에는 손으로 좀 나눠주시는 게 좋습니다. 처음부터 눈으로만 하면 확 들어오지 않습니다.

Q: 한국사 1회독 후 기출 풀 때, 해설을 봐도 이해가 안 되는데 계속 진도 나가야 하나요? 계속 모르는 게 나와서 봐도 망설여집니다. 그냥 계속 회독 돌리다 보면 반복돼서 이해될까요? 아니면 기출 1회독하고 다시 기본서 회독하면서 기출 같이 풀까요?

A: 일단 1회독은 강의와 함께 하시는 것이 좋습니다. 만약 시간이 없으셔서 그런 것이라면 계속 쭉 나가시되 모르는 개념은 기본서에서 찾고 개념 습득 후 넘어가시기 바랍니다.

Q: 한국사 기출 강의 들으면서 기출 1회독을 추천한다고 하셨는데 강의 듣기 전에 문제 풀어보지 않고 인강으로 선생님과 함께 푸는 건가요?

A: 네, 한 단원 들어가기 전에 대략적인 설명해주실 겁니다. 일단 그거 듣고 한 문제씩 풀어보시고 바로 그 문제에 대한 해설 들으세요. 시간이 너무 많이 걸린다면 안 푸셔도 무방합니다. 일단 문제가 어떻게 나오는지 봐야 합니다.

이런 게 궁금해요!
– 그 외의 것

Q: 행정직인데 과학, 수학 선택하셨네요. 혹시 면접 때 불이익 같은 건 없었나요? 행정학, 행정법 질문이라든지 그런 거요.

A: 전혀 없습니다. 심지어 세무직 면접 때 세법 회계를 하지 않았다고 말씀드리니 손을 저으시며 괜찮다고 해주셨습니다. 걱정 마세요.

Q: 하루에 얼마나 공부하셨어요?

A: 스톱워치로 시간을 쟀고 최소 9시간, 최대 11시간, 보통은 10시간 약간 넘게 했습니다.

Q: 2년 넘게 쭉요?

A: 네. 대신 일요일은 무조건 쉬었고요, 서울시 끝나고 한 달씩 또

쉬었습니다. 아주 가끔 슬럼프 올 때는 좀 적게 하기도 했습니다!

Q: 실제 시험 때 연필, 볼펜 중에 어떤 필기구로 푸셨나요? 색깔 펜
   은 필요 없나요? 마지막으로 시간 체크할 수단으로 손목시계, 스
   톱워치 중 뭘 가져가셨나요? 시계가 익숙지 않아 스톱워치를 가
   져가고 싶은데 공간이 있나요?

A: 0.9밀리미터 샤프 사용했어요. 마지막에 10분 정도 남았을 땐 컴
   퓨터용 사인펜으로 풀었고요. 시계는 손목시계 썼습니다. 책상
   위에 뭐 올려놓는 건 정신이 분산돼서 안 좋아요. 동형 연습하실
   때 손목시계 차고 연습을 많이 해주시는 게 좋아요

Q: 쉬는 날 하루는 뭘 하며 보내셨나요? 혼자 있는 주말이면 너무
   우울하네요. 혼자 있어도 잘 보낼 수 있는 마음가짐이 있나요?

A: 가장 힘든 부분이라 생각합니다. 그냥 외로움을 일단 받아들였습
   니다. 인생은 혼자이고 이걸 이겨내지 못하면 평생 이 외로움을
   떠안고 살아가야 한다고 생각했습니다. 잘 끝내고 한두 명 서서히
   만나다 보면 언젠가 좋아지리라 믿고 그냥 버틴 것 같습니다.

Q: 동형 풀이 시작하셨을 때 하루 일과를 어떻게 잡으셨어요?

A: 8시 30분~9시쯤 자리에 앉고 하고 싶은 공부 하다가 10시부터 11
   시40분 시간 맞춰 마킹까지 했습니다. 모의시험 치고 점심 식
   사 후 부족한 부분에 대한 공부를 채워 넣었어요.

Q: 재시 이후 나시 시작하실 때 언제부터 각 잡고 공부하셨나요? 공부가 잘 안되면 불편 감수하고 장소 이동하는 것도 괜찮다고 생각하시나요?

A: 8월 중순부터 말까진 설렁설렁했고, 9월부터는 제대모 하려고 노력했고, 10월부터는 완전히 제대로 한 것 같습니다. 시험 2주 전만 아니라면 끌리는 대로 장소 이동하는 게 더 효율적이라 생각합니다.

Q: 단권화 질문드릴 게 있는데요! 다이어리-노트-포스트잇 쓰실 때 과목별로 하셨나요, 과목 상관없이 하셨나요?

A: 과목 상관없이 생각나는 대로 적었었습니다.

Q: 다음 해에 새로 공부할 때 기본서나 필기 노트 새로 사야 할까요?

A: 공부할 때는 저도 불안해서 바꾸는 편이었는데 괜한 짓이었던 것 같습니다. 기출이랑 모의고사만 새로 사시는 것을 추천합니다.

Q: 인강 들을 때 그날 찍은 강의를 다 듣는 게 나을까요, 아님 나눠서 들어도 무방할까요?

A: 나눠 들어도 크게 상관은 없지만 무리가 가지 않는다면 호흡이 끊이지 않도록 하루 강의를 다 듣는 게 더 좋긴 합니다.

일단 수학, 과학은 베이스가 있는 상태에서 선택해야 한다. 직감적으로도, 들어서도 알겠지만 두 과목 다 시간이 상당히 소요되는 과목이다. 몇 문제는 처음부터 버리고 간다고 생각해야 하는데 버리는 것도 만만치 않은 과정이다.

부록

수학과 과학의
정도正道

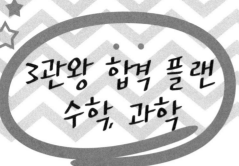

3관왕 합격 플랜
수학, 과학

7월	8월	9월
공통 과목에 집중	공통 과목에 집중	공통 과목에 집중

1월	2월	3월
과학 기출 강의	과학 기출 변형 모의고사	과학 동형 모의고사
tip. 발췌수강 해도 됨	추천 : 공단기 최성욱T	
기출은 기본 강의 선		
생님 그대로!	수학 기출 3회독	수학 동형 모의고사
수학 기출 2회독	tip. 별표친 것들만	
	*1단계 단권화 →	*2단계 단권화

10월	11월	12월
과학 기본 강의	과학 기본 강의	과학 기출 강의
추천 강의	추천 강의	tip. 발췌수강 해도 됨
┌ 남부고시 하석훈T	남부고시 하석훈T	기출은 기본 강의 선
└ 해커스 김종책T	해커스 김종책T	생님 그대로!
수학 기출 1회독	수학 기출 1회독	수학 기출 2회독

4월 : 국가직	5월	6월 : 지방직
양 늘리지 않기	1. 국가직 오답 정리 → 약점 보완	
1. 3단계 단권화 : 시험	2. 전 과목 동형 반복	
삼일 전 만들기	tip. 시험 일~이주 전 그만하다 이틀 전 한 번만 풀기	
2. (4월10일 이전 시험 가점)		
전 과목 동형은 시험 이틀		
전 한 번만 풀기		

3관왕
합격 플랜

앞 페이지는 내가 다시 돌아간다면 짤 플랜이다. 물론 다들 베이스와 일정이 다르기 때문에 똑같이 하기는 힘들 것이다. 필수로 해야 하는 것은 빨간색으로 표시해 두었다. 본인의 상황과 일정에 맞게 적당히 조율해보자. 2월 전까지만 얼추 비슷하면 괜찮다.

올바른
수학, 과학 공부의 방향

 수학, 과학은 선택하는 사람이 많지 않기 때문에 부록으로 뺐다. 그러나 선택했다면 꼭 읽어주었으면 한다. 합격 수기도 얼마 없어 갈피를 잡기 힘든 과목이기 때문이다. 일단 수학, 과학은 베이스가 있는 상태에서 선택해야 한다. 직감적으로도, 들어서도 알겠지만 두 과목 다 시간이 상당히 소요되는 과목이다. 몇 문제는 처음부터 버리고 간다고 생각해야 하는데 버리는 과정도 만만치 않다. 내가 이 문제를 풀 수 있는지 없는지 캐치할 정도의 실력이 있어야 하기 때문이다. 특히 수학은 더욱 그렇다. 행정법을, 행정학을 선택하기 싫다고 수학을 선택하는 짓은 정말 하지 않았으면 한다. 나중에 수학이 자신에게 맞지 않는다는 점을 깨닫더라도 돌아가서 다른 과목을 공부하기에는 부담이 굉장히 크다. 처음부터 선택을 잘해야 한다. 수학을 만만히 보지 않았으면 한다. 이렇게 생각하는 또 다른 이유는 수학, 과학은 사실상 '그들만의 리그'이기 때문이다. 이 과목을 선택하는 사람 대부분은 베이스가 있기에 적은 시간을 투자해도 성적이 나오는 것이다. 달콤한 면만 보고 선택하다가는 정말 피 볼 수 있다. 나는 두 과목 다 베이스가 있었지만 과목을 바꿀까 말까 수도 없이 고민했다. 2017년 하반기 시험이 아니었다면 둘 중에 한 과목은 행정법이나 행정학으로 바꾸었을 것이다. 베이스가 있어도 푸는 시간이 오래 걸리기에 상당히 난해한 과목이다. 잘 생각해 보고 결정했으면 좋겠다.

수학은 '기출문제 + 동형모의고사'로 콤팩트하게 가는 것이 좋다. 푸는 시간이 오래 걸림에도 수학을 선택한 이유는 공부 시간이 적게 들기 때문일 것이다. 수학에 공부 시간을 너무 많이 쓴다면 선택한 메리트가 없다. 나는 기본 강의도 기출 강의도 듣지 않았다. 혼자서 기출문제집을 여러 번 풀었고 시험 한 달 전부터 동형을 풀면서 감을 되살렸다. 중간 중간 해설을 봐도 이해가 안 가는 문제만 발췌 수강했다.

하지만 과학은 조금 다르다. 수능과 다른 면이 있기 때문이다. 배속을 빠르게 해서라도 기본 강의는 들어야 한다. 대신 보통 자신 있는 과목이 두 과목은 있을 테니 그 두 과목은 배속을 빠르게 해서 넘어가도 괜찮다. 나머지는 문제를 풀면서 채울 것이기 때문이다. 수능 과학은 자료 해석과 사고력에 중심을 둔 반면 공무원 과학은 암기다. 물화생지 모두 암기로만 풀 수 있는 문제가 70퍼센트가 넘는다. 이 문제를 정말 빠르게 찍고 넘어가야 한다. 그래야 나머지 30퍼센트에 시간을 들일 수 있기 때문이다. 또한 과학은 알다시피 조정이 높다. 조정이 높은 이유

중 하나는 물화생지 각각 엄청 어려운 파트가 하나씩 있기 때문이다. 물리는 역학, 화학은 양적관계, 생명과학은 유전, 지구과학은 천체. 이렇게 네 파트가 어려운 부분이다. 이 부분은 열심히 한다 해도 어느 정도 한계가 있다. 또한, 공무원 시험 특성상 과학에 그만큼 시간을 들일 수 없기 때문에 정 급하다면 저 네 파트 중에 두 파트를 버리는 실로 가도 나쁘지 않다. 대신 다른 부분을 다 맞혀야 하니까 최대한 안 버리는 게 좋지만, 굳이 버려야 한다면 시간 대비 효율이 적은 저 부분 중에서 버리자. 공통과목에서는 어느 부분을 버리라는 말을 쉽게 할 수 없지만 선택과목은 약간 다르다. 배점이 다르기 때문에 생각도 다르게 하는 게 맞다.

마지막으로는 전략을 잘 짜야만 한다. 나는 과목당 두세 문제씩 버리는 것으로 전략을 짰다. 이렇게 해야 두 과목 합쳐서 30분 이내에 풀 수 있기 때문이다. 수학은 두 문제를 아예 버렸고, 한 문제는 여유로 남겨뒀다. 빨리 풀다 보면 계산 실수를 할 수 있기 때문이다. 그 결과 항상 85점을 맞았다. 과학은 계산 한 문제, 여유 한 문제를 뒀다. 보통 계산 문제는 물리, 화학 쪽이었기 때문에 이 중에 한 문제를 버렸다. 이렇게 전략을 짠 결과 두 과목을 30분 안에 풀고 넘어갈 수 있었다. 행정법, 행정학을 선택한 사람은 훨씬 더 빨리 문제를 풀고 넘어가는 것으로 알고 있다. 30분 이상을 쓰는 것은 위험 부담이 너무 크기 때문에 전략을 잘 짜고 넘어가자.

기출문제 &
동형모의고사 활용법

다음은 수학, 과학의 기출문제와 동형모의고사 활용법이다.

먼저 수학부터 설명하겠다. 앞에서도 말했지만 나는 수학 기본 강의와 기출 강의 모두 듣지 않았다. 혼자 기출문제를 여러 번 풀었다. 수학은 같은 문제를 많이 푸는 게 도움이 된다. 특히나 공무원 시험은 계산 문제 위주이기 때문에 더더욱 그렇다. 같은 문제를 계속 풀다 보면 더 빨리 푸는 법을 스스로 터득한다. 빨리 푸는 법을 누가 가르쳐준다 해도 내 스스로 터득하지 않으면 시험장에서 그 방법대로 풀 수 없다. 내가 많이 풀어봐야 한다. 권장 시간은 한 문제당 일 분이 아니다. 더 줄여야 한다. 15분 안에 문제 풀이와 마킹을 다 해야 하기 때문이다. 과학이 쉽다면 수학에 17분 정도 시간을 들여도 되지만 장담할 수 없다. 연습은 더 빡빡하게 하는 게 맞다. 시간을 줄이려면 확률과 통계 쪽을 많이 연습해야 한다. 다른 파트는 아무리 줄인다 해도 다 비슷비슷하다. 하지만 확률과 통계는 사람에 따라 같은 문제를 10초 만에 풀 수도 있고 1분 만에 풀 수도 있다. 경쟁력을 갖추려면 이 부분을 강화하는 쪽이 현명하다. 기출문제에서 이 부분을 계속 반복해서 풀어보라고 권유하고 싶다. 수학 기출문제를 풀 때는 문제 하나씩 시간을 새지 말고 페이지당 시간을 재자. 문제 하나씩 시간을 재면 너무 번거롭기 때문이다. 한 페이지에 8문제가 있다고 하면 6분 안에 다 풀도록 연습하자. 너무 어려운 문제가 있다면 그 문제는 빼고 시간을 재도 괜찮다. 어차피 그렇게 어려운 문제는 시험장에서도 풀지 못할 확률이 매우 높기 때문이다. 이런 문제는 나중에 따로 한 문제씩 시간을 재고 풀자. 여러 번 풀다 보면 그래도 많이 익숙해질 것이다. 2회독까지는 이렇게 전체 문제를 풀고 3회독부터는 체크해 두었거나 틀린 문제 위주로 풀자. 수학은 특히 맞았던 문제는 또 맞지만, 틀렸던 문제는 또 틀린다. 시간이 많다면 맞은 문제의 시간을 줄이는 연습을 계속 해도 괜찮지만 아마 시간이 넉넉지 않을 것이다. 틀린 문제를 또 풀고 또 풀어서 완전히 내 것으로 만들자. 공무원 수학은 기존 문제에서 숫자만 바꿔 나오기 때문이다. 신 유형은 너무 신경 쓸 필요 없다. 어차피 조금만 어려워도 시험장에서는 손대기 힘들다. 마지막으로 시험 한 달 전부터는 동형을 풀어주어야 한다. 동형을 풀면서 가장 신경 써야 할 부분은 내가 빠르게 맞힐 수 있는 문제와 아닌 문제를 구분하는 것이다. 다 맞히겠다고 오기를 부려서는 안 된다. 시험장에 가서도 똑같이 그럴 것이기 때문이다. 시간을 다투는 시험인 만큼 버릴 것은 빠르게 판단하고 버리고 가야 한다.

다음은 과학을 이야기해보겠다. 과학은 '기출문제 + 기출 변형 모의고사'까지는 꼭 했으면 좋겠다. 기출문제로는 부족하다. 과학은 약간만 말을 바꿔도 완전히 새로운 문제가 되기 때문에 대비하는 것이 좋다. 합격 플랜에도 적었지만 기본 강의와 기출문제 강의까지는 같은 선생님의 커리큘럼을 따라가는 것이 좋다. 흐름이 깨지면 안 되기 때문이다. 기출 변형 모의고사는 공단기 최성욱 선생님의 강의를 듣고 풀면 좋다. '2017 하반기 지방직 대비 모의고사'가 기출 변형 모의고사다. 들어보면 알겠지만 각 모의고사의 번호마다 해당되는 개념을 다 설명해준다. 기출에 나온 개념을 다 알아가기 때문에 도움이 된다. 모르는 것은 따로 필기해서 완벽하게 암기하도록 하자.

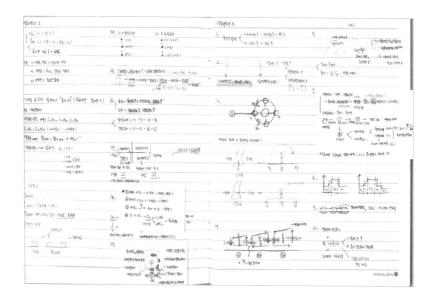

앞의 사진은 내가 강의를 들으며 헷갈렸던 개념들을 다 모아서 필기해 둔 것이다. 이런 식으로 정리해두면 웬만한 개념은 다 들어 있기 때문에 이것만 달달 외우면 큰 도움이 된다. 시험 직전까지 붙들고 외우자. 과학도 수학과 마찬가지로 모의고사를 풀 때 내가 빠르게 맞힐 수 있는 문제와 아닌 문제를 구분하는 연습을 하자. 수학과 과학은 시간이 많이 드는 선택과목이다. 무엇보다 전략적으로 접근하는 것이 중요함을 잊지 말고 공부하자.

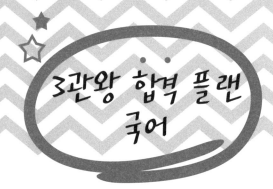

3관왕 합격 플랜
국어

7월	8월	9월
문법 기본 강의(하루에 하루치 강의 보통 3강)		기출 강의 중 문법만
추천 강의 : 개념을 확실히 잡고 어디든 적용하고 싶다		tip. 당연히 제대로 기억
→ 이선재T		안난다. 이제부터 진
암기가 되도록 계속 반복해 주는 것이 좋다		짜 시작! 답 보고 풀
→ 김병태T		어도 되니 일단 문제
tip. 뒤로 가면 당연히 깨먹는다. 두려워 말고 그날 그		를 풀자. 다 이해, 암
날 배운 것의 70~80%만 이해하고 넘어가자		기하고 풀자고 생각
		하면 영영 못 푼다.

1월	2월 : 과목별 동형중심	3월 : 전과목 동형중심
약점 체크의 달	동형 시작	
기본서, 기출 보고 부족했	추천 동형 ─ 이선재T : 동형의 교과서 ┐	
던 부분 발췌독+문제풀이	이해종T : 깔끔한 문제 │ 난도 : 중	
반복	배미진T : 문법 지식형의 끝 ┐	
tip. 어휘 꾸준히 외우고	유두선T : 골고루 생각하는 문제 ┘ 난도 : 상	
있어야 함	tip. 중, 상 섞어서 최소 두 선생님 풀기!!	
	*1단계 단권화 →	*2단계 단권화

10월	11월	12월
1. 기출 문법 혼자 풀기	1. 비문학/문학 기본 강의 + 기출 강의	
2. 사자성어 암기 시작	2. 기출 어휘 + 한자 암기 시작(tip. 강의는 선택)	
tip. 읽고 뜻 말할 수 있는	3. 기출 문법 또 혼자 풀기	
정도로만		

4월 : 국가직	5월	6월 : 지방직
양 늘리지 않기	1. 국가직 오답 정리 → 약점 보완	
1. 3단계 단권화 : 시험	2. 전 과목 동형 반복	
삼일 전 만들기	tip. 시험 일~이주 전 그만하다 이틀 전 한 번만 풀기	
2. (4월10일 이전 시험 가정)		
전 과목 동형은 시험 이틀		
전 한 번만 풀기		

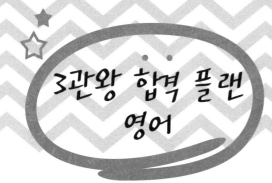

3관왕 합격 플랜
영어

7월	8월	9월	
기본 강의 중 문법 인강	기출 문법 1회독	구문강의	
tip. 하루 듣고 하루 복습	tip. 기본 강의와 기출문	추천강의	강구영 Back to the syntax
하고!	법까지는 어떤 선생		심우철 합격 구문 or 구문 1000제
7월~끝까지 어휘 암기 시작	님을 들어도 상관없다		주혜연 해석공식
추천책 — 보카바이블		기출 문법 2회독	
이동기 보카 3000			
손진숙 키스보카			

1월	2월	3월	
1월~3월 : 영어동형	추천 동형 — 이동기T : 어휘+어법+생영 Good		
1월~끝까지 : 기출 어휘	손진숙T : 어법 Good 시험과 가장 유사		
+생활영어 암기	조태정T : 어법, 어휘 난해하지만 연습하기 좋음		
문법문제집2. 2회독	강구영T : 어법+독해 어렵지만 실력 향상에 도움		
	tip. 최소두 선생님 이상 풀기, 다른 과목들보다 한 달 더!		
	문법문제집1, 2 3회독(tip. 체크해둔 것만)		
	*1단계 단권화 →	*2단계 단권화	

10월	11월	12월
구문강의	독해 '유형별 강의'	
추천강의 9월과 동일	추천강의 ┌ 강구영 Back to the reading comprehension	
문법문제집1. 1회독		
추천책 ┌ 손진숙 900제 1	│ ebsi 정승익T	
│ 한덕현 464	└ ebsi 이지민T	
└ 이동기 700제	11월~2월 : 구문 복습 무한 반복	
tip. 둘 중 하나는 필수로 풀기	문법문제집1. 2회독	문법문제집2. 1회독

4월 : 국가직	5월	6월 : 지방직
양 늘리지 않기	1. 국가직 오답 정리 → 약점 보완	
1. 3단계 단권화 : 시험 삼일 전 만들기	2. 전 과목 동형 반복	
2. (4월10일 이전 시험 가정)	tip. 시험 일~이주 전 그만하다 이틀 전 한 번만 풀기	
전 과목 동형은 시험 이틀 전 한 번만 풀기		

3관왕 합격 플랜
한국사

7월	8월	9월
올인원 기본 강의		기출 강의
tip. 당연히 까먹는다. 제발 끝까지 듣자!		tip. 답보고 풀어도 상관
기본 강의는 누굴 들어도 상관없다		없다. 일단 풀어봐야
		한다.

1월	2월	3월
문동균T 핵지총	동형 시작	
+ 부족한 부분 틈틈이 압축	추천 동형 ┌ 고종훈T : 동형2의고사 시즌 1, 2	
강의로 메꾸기	└ 문동균T : 9+5 모의고사	
	+ 부족한 부분 틈틈이 압축강의로 메꾸기	
	*1단계 단권화 →	*2단계 단권화

10월	11월	12월
기출 강의	**압축 강의**	
tip. 답보고 풀어도 상관	기출 2회독	기출 3회독
없다. 일단 풀어봐야		
한다.		

4월 : 국가직	5월	6월 : 지방직
양 늘리지 않기	1. 국가직 오답 정리 → 약점 보완	
1. 3단계 단권화 : 시험	2. 전 과목 동형 반복	
삼 일 전 만들기	tip. 시험 일~이주 전 그만하다 이틀 전 한 번만 풀기	
2. (4월10일 이전 시험 가정)		
전 과목 동형은 시험 이틀		
전 한 번만 풀기		

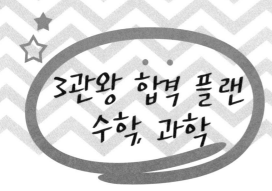

3관왕 합격 플랜
수학, 과학

7월	8월	9월
공통 과목에 집중	공통 과목에 집중	공통 과목에 집중

1월	2월	3월
과학 기출 강의	과학 기출 변형 모의고사	과학 동형 모의고사
tip. 발췌수강 해도 됨	추천 : 공단기 최성욱T	
기출은 기본 강의 선		
생님 그대로!	수학 기출 3회독	수학 동형 모의고사
수학 기출 2회독	tip. 별표친 것들만	
	*1단계 단권화 →	*2단계 단권화

10월	11월	12월
과학 기본 강의	과학 기본 강의	과학 기출 강의
추천 강의	추천 강의	tip. 발췌수강 해도 됨
┌ 남부고시 하석훈T	남부고시 하석훈T	기출은 기본 강의 선
└ 해커스 김종햭T	해커스 김종햭T	생님 그대로!
수학 기출 1회독	수학 기출 1회독	수학 기출 2회독

4월 : 국가직	5월	6월 : 지방직
양 늘리지 않기	1. 국가직 오답 정리 → 약점 보완	
1. 3단계 단권화 : 시험	2. 전 과목 동형 반복	
삼일 전 만들기	tip. 시험 일~이주 전 그만하다 이틀 전 한 번만 풀기	
2. (4월10일 이전 시험 가정)		
전 과목 동형은 시험 이틀		
전 한 번만 풀기